Dieses Buch ist der unveränderte Reprint einer älteren Ausgabe.

Erschienen bei FISCHER Digital
© 2016 S. Fischer Verlag GmbH,
Hedderichstr. 114, D-60596 Frankfurt am Main

Printed in Germany
ISBN 978-3-596-31287-0

D1719128

Fischer

Weitere Informationen finden Sie auf
www.fischerverlage.de.

Raymond Aron

ZEIT DES ARGWOHNS

de Gaulle, Israel und die Juden

S. Fischer Verlag

AUS DEM FRANZÖSISCHEN ÜBERSETZT
VON HEINZ ABOSCH

Die Originalausgabe › De Gaulle, Israël et les Juifs ‹
erschien 1968 im Verlag Librairie Plon, Paris

© Librairie Plon, Paris
Für die deutsche Ausgabe:
© S. Fischer Verlag GmbH, Frankfurt am Main, 1968
Alle Rechte vorbehalten
Umschlagentwurf: Herbert Schwöbel
Satz und Druck: Robert Bardtenschlager,
Inhaber Julius Kern, Reutlingen
Einband: Ladstetter GmbH, Hamburg-Wandsbek
Printed in Germany 1968

DRITTER TEIL: VOR DER KRISE

Lange habe ich gezögert, den Aufsatz ›*Die Zeit des Argwohns*‹
zu schreiben, noch länger habe ich mit der Veröffentlichung dieses aus lauter Einzelteilen zusammengesetzten Bandes gezögert.
Wären manche Stimmen lautgeworden, hätten Gaullisten wie
François Mauriac oder André Malraux General de Gaulle Ende
November 1967 dieselbe Antwort erteilt, die sie jedem anderen
Staatsmann auf ähnliche Äußerungen geben würden, dann bliebe
ich außerhalb einer Debatte, in die mit voller Ausgeglichenheit
einzugreifen mir versagt ist. Aber leider hat keiner jener Männer gesprochen, die den Ruhm der französischen Literatur bedeuten, keiner derjenigen, die so oft das Wort im Namen des
Weltgewissens ergreifen. Alle setzten sie ihre Treue zum »Fürsten« über alles, sogar über die Treue zu sich selbst. So habe ich
mich entschlossen oder damit abgefunden, jenseits jeglicher Prä-
tention, gegen eine Anklagerede zu plädieren, die um so heim-
tückischer ist, als sie verschleiert bleibt. Wenn der Angeklagte
keinen Rechtsbeistand findet, übernimmt er seine eigene Verteidigung.
Die von manchen, auch mir Nahestehenden, erhobenen Einwände lassen mich nicht gleichgültig. Angesichts dieses vergif-
teten teuflischen Themas — so äußern sie sich — sei Schweigen
das beste. Sie mehren das Übel nur, indem Sie es beim Namen
nennen. Sie liefern denen, die Sie bloßstellen, die Argumente;
niemals wird es Ihnen gelingen, den richtigen Ton zu finden.
Entweder zu herausfordernd oder zu zurückhaltend, werden Sie
nacheinander Ihre nichtjüdischen Mitbürger und Ihre »Glau-

bensgenossen« verärgern. Unter diesen werden die einen Sie von Israel zu losgelöst und die anderen nicht losgelöst genug erachten. Die radikale Unterscheidung zwischen Staat und Religion, für die einen selbstverständlich, wird von den anderen verweigert. Sie rufen die Juden zu gegenseitiger Toleranz auf und die Franzosen zur Berücksichtigung der besonderen Lage der Juden, die ihren eigenen Widersprüchen weniger mit Vernunftgründen − denen sie gleichwohl den Vorrang geben − als mit Emotionen begegnen. Und Sie werden Gefahr laufen, alle gegen sich aufzubringen, weil jeder eine Lösung sucht und Sie nur Probleme anzubieten haben.

Vielleicht wird dieses Buch mehr Schaden als Nutzen bringen. Dennoch vertraue ich den Optimisten in der Hoffnung, jüdische und nichtjüdische Leser mögen dieses Zeugnis eines Einzelnen zur Kenntnis nehmen im gleichen Geist, in dem es geschrieben wurde: nicht ohne Leidenschaft, doch ohne List, mit der Absicht, ein Schicksal zu verstehen, dem ich nicht entfliehen will.

Ich war der Meinung, dieses Zeugnis könnte nur dann seine volle Bedeutung gewinnen, wenn dem Kommentar zur letzten Pressekonferenz[1], neben der Gesamtheit der im ›Figaro‹ und ›Figaro Littéraire‹ in den Monaten Mai und Juni 1967 veröffentlichten Aufsätze, noch zwei weitere Beiträge zugefügt würden. Aus der Distanz verfaßt, erschien der erste 1960 in ›Réalités‹ und der zweite 1962 im ›Figaro Littéraire‹. Letzterer hatte viele französische Juden und fast alle Israelis erregt oder entrüstet. Ich gebe ihn hier aus einfacher Redlichkeit wieder, um jedem Vorwurf von Inkonsequenz, Opportunismus und Verleumdung zu entgehen. Viele meiner »Glaubensgenossen« werden diesen Aufsatz vielleicht heute, im Licht der Erfahrung des Jahres 1967, mit weniger Strenge beurteilen, als sie es 1962 taten.

---

[1] Die am 27. November 1967 abgehaltene Pressekonferenz des Staatspräsidenten de Gaulle, in deren Verlauf er seine Haltung zum Israelproblem zusammenfassend darlegte. Siehe den Text im Anhang. Anm. d. Übers.

ERSTER TEIL

DIE PRESSEKONFERENZ

Die Unterredung zwischen dem Großrabbiner und General de Gaulle sowie der Brief des letzteren an Ben Gurion machen zwar einen kurzen Kommentar notwendig, doch keine Berichtigung — so scheint es mir — des folgenden Beitrags. Zur Formulierung, die soviel Erregung hervorgerufen hat: »ein selbstbewußtes und herrschbegieriges Elitevolk«, versichert der Präsident der Republik heute, »es könnte nicht unfreundlich sein, den Charakter zu unterstreichen, dank dem dieses starke Volk nach neunzehn Jahrhunderten schrecklicher Verfolgung zu überleben und sich treu zu bleiben vermocht hat.«

Die nach der Pressekonferenz aufgetauchten anonymen Briefe genügten zum Beweis — wenn das Offenkundige noch eines zusätzlichen Beweises bedürfte —, daß nicht alle Franzosen (zu denken wäre vor allem an Xavier Vallat)[1] diesen in eine Darlegung über Israel eingeschobenen Satz als ein Lob des jüdischen Volkes verstanden haben. Wie viele andere Sentenzen des Staatschefs ist auch diese zweideutig. Und nach einem berühmten Wort kann auch der Antisemit mit Recht erwidern: »Ich habe Sie verstanden.« Im übrigen erscheint mir noch heute die Bezeichnung »selbstbewußt und herrschbegierig« für das Volk der Gettos ebenso spöttisch wie gehässig.

[1] Ein Wortführer des Pétain-Regimes.

Nichtsdestoweniger bleibt die Tatsache — und darüber bin ich erfreut —, daß der General es unternahm, ohne von seinen Worten etwas zurückzunehmen und seine Verurteilung der Politik der israelischen Regierung abzuschwächen, die gegen ihn erhobenen Vorwürfe des Antisemitismus zurückzuweisen. Auf den folgenden Seiten äußere ich keine Anklage dieser Art, weil selbst der Begriff des Antisemitismus unendliche Zweideutigkeiten zuläßt. Die Pressekonferenz *ließ* feierlich einen neuen Antisemitismus zu, die letzten Verlautbarungen des Staatschefs heben sozusagen diese Erlaubnis wieder auf. Gleichwohl geschieht dies im ureigenen Stil des »Fürsten« durch die Belastung anderer: Nur »systematische Antigaullisten« (wie René Cassin[1]) vermochten »als schädlich auszugeben«, worin jeder lautere Geist nur ein lobendes Urteil erkannte.

Das letzte Wort ist noch nicht gesprochen. Niemand verkennt heute die Technik der abwechselnd heißen und kalten Dusche oder der künstlichen Unterbrechung der Herztätigkeit. Zwei Schritte vorwärts, darauf — die Fahrt zu den Offizierskasinos[2] — einen Schritt zurück und von neuem zwei Schritte vorwärts. Dennoch möchte ich mir, guten Willens, doch ohne Selbsttäuschung, die Formulierung von André Fontaine zu eigen machen: »Man kann folglich noch hoffen, daß an die Stelle der bitteren und nutzlosen Streitereien ein konstruktives Gespräch treten möge.«

---

[1] Bedeutender, de Gaulle nahestehender Jurist, Mitglied des Verfassungsgerichts. Anm. d. Übers.

[2] Im März 1960 hatte de Gaulle die französischen Streitkräfte in Algerien besucht und den seiner Politik mißtrauenden Offizieren beruhigende Erklärungen abgegeben. Anm. d. Übers.

Die Zeit des Argwohns

Wochen und Monate sind nun verstrichen, ohne daß General de Gaulles Pressekonferenz überholt wäre. Die Worte des Präsidenten der Republik erregen weiter — wie es Pater Riquet schrieb [1] — »das verwundete Herz der Israeliten«. »Leidenschaftliche Reaktionen der jüdischen Seele«, ebenso verständlich wie ungerechtfertigt? »Unheilvolles Mißverständnis«, das der von reiner Gesinnung und feinster Unterscheidungskraft beflügelte Exeget zerstreuen könnte? Nein, hochwürdiger Pater, ich hege keinen Zweifel an Ihrer Zuneigung: Sie haben sie in einer Zeit bewiesen, die gefahrvollere Tugenden verlangte. Aber ich ließe es an Freimütigkeit fehlen, die ich Ihnen schulde, gestände ich nicht meine »leidenschaftliche Reaktion« auf Ihren Artikel. Warum Offensichtliches leugnen? Und mit solcher Überzeugung? Niemand ist moralisch verpflichtet, Partei zu ergreifen; letztlich haben jene, die hätten hören sollen, nichts gehört. Sie, hochwürdiger Pater, haben gehört und darauf beschlossen, die Rede nochmals zu lesen. Nun, lesen wir sie gemeinsam wieder. Auch Laien verkennen und verachten die Gesetze der Exegese mitnichten. Niemand wird General de Gaulle zu verdächtigen wagen, er gebrauche seine Worte unachtsam, vertraue sich dem Spiel und

---

[1] ›Figaro‹, vom 6. Dezember 1967.

der Wonne der Improvisation an. Drei Zwischensätze enthüllen
die bewußt herausfordernde Absicht des Redners.

»Man konnte sich tatsächlich fragen – und selbst viele Juden
haben sich gefragt –, ob die Verpflanzung dieser Gemeinschaft
auf einen unter mehr oder weniger gerechtfertigten Bedingungen erworbenen Boden und inmitten ihr zutiefst feindlich gesinnter arabischer Völker nicht zu unablässigen und endlosen
Reibungen und Konflikten Anlaß geben würde.« In der Tat und
nicht ohne Berechtigung kamen solche Fragen auf. Man konnte
sich ebenfalls fragen, ob der Präsident der Republik es für seine
Diplomatie als nützlich und dem Interesse Frankreichs zuträglich
erachtet, in die Vergangenheit ausschweifend, auf seine Art von
den Ereignissen zu berichten, die zur Geburt des Staats Israel
geführt haben. Der Ausdruck »mehr oder weniger gerechtfertigt« hat die Israelis verletzt, da er einen seit Jahrzehnten ergeb-
nislos ausgetragenen Streitfall zugunsten der Araber entschei-
det. Aber niemand könnte es leugnen, ohne zu lügen: Viele Juden haben wirklich den Zionismus verworfen, nicht allein weil
sie Franzosen, Deutsche oder Amerikaner sein wollten, sondern
weil sie einen endlosen Krieg zwischen den beiden jüdischen und
arabischen Gemeinschaften Palästinas voraussahen.

Lesen wir, hochwürdiger Pater, den Satz: »Manche befürchten
sogar, daß die Juden, die bis dahin verstreut gelebt haben und
geblieben sind, was sie jederzeit waren, ein selbstbewußtes und
herrschbegieriges Elitevolk, nach ihrem Zusammenschluß dazu
übergehen könnten, ihre ergreifenden, neunzehn Jahrhunderte
lang geäußerten Wünsche – ›Nächstes Jahr in Jerusalem‹ – in
einen leidenschaftlichen und erobernden Ehrgeiz zu verwandeln.«
Ihr Kommentar ist nur mit Gold aufzuwiegen: Nach Ihrer Ansicht wurden diese Befürchtungen »durch friedliche Werke, die die
Wüste zum Blühen brachten«, zerstreut, – was nicht aus der
Welt schaffe, daß »manche« solche Befürchtungen hegten und
»nichts zur Behauptung berechtigt, General de Gaulle teile sie«.

Haben »manche« im voraus solche Befürchtungen gehabt? Das ist möglich, da man nicht den Nachweis erbringen kann, sie wären nie vorhanden gewesen. Doch erinnert man sich des Bildes vom Juden, das die Antisemiten malten — der Jude mit gebogenem Rückgrat und krummen Fingern —, dann »kann man sich fragen«, wieviele die militärischen Heldentaten der Israelis vorhergesehen und befürchtet hatten. Im übrigen ist es unwichtig, ob de Gaulle die von »manchen« geäußerten Befürchtungen geteilt hat oder nicht. Jene Worte, die »das verwundete Herz« bewegten — »die Juden, die bis dahin verstreut gelebt haben und geblieben sind, was sie jederzeit waren, ein selbstbewußtes und herrschbegieriges Elitevolk« — schreibt er niemand anders zu. De Gaulle selbst bezeichnet das jüdische Volk als »selbstbewußt und herrschbegierig«. Ein Staatsmann erniedrigt sich jedoch, wenn er ein Volk mit zwei Eigenschaftswörtern kennzeichnet, auf nationale Stereotypen, auf Rassenvorurteile zurückgreift, wie sie an Stammtischen noch immer gehandhabt und von Psychologen und Psychiatern unermüdlich auf ihren Mechanismus analysiert werden. General de Gaulle hat sich erniedrigt, weil er einen Tiefschlag austeilen wollte: den israelischen Imperialismus mit der ewigen Natur, dem herrschsüchtigen Trieb des jüdischen Volkes zu begründen. Warum dieser Tiefschlag? Ich weiß es nicht. Aber erkennen Sie um Himmelswillen, hochwürdiger Pater, zunächst einmal, daß es hier etwas zu ergründen gibt, selbst für den Nichtjuden, dessen Herz nicht verwundet ist. Der Satz über das »selbstbewußte und herrschbegierige« jüdische Volk entsprach keineswegs den Erfordernissen der Beweisführung. Unabhängig davon, ob die Juden ein Volk bilden oder keines, ob sie herrschsüchtig sind oder nicht, beschwor die Errichtung einer jüdischen Heimstätte in Palästina die Gefahr endloser Konflikte herauf. Die Dialektik der Feindseligkeit konnte ihrerseits die Israelis zur Aggressivität verleiten, ohne daß von einem natürlich veranlagten, durch die Jahrhunderte

»selbstbewußten und herrschbegierigen« jüdischen Volk gesprochen werden konnte.

Ein wenig später verrät eine von de Gaulle selbst vorgenommene Richtigstellung, wenn nicht die Gefühle des Schriftstellers, so zumindest die Absichten des Politikers. Muß man sagen, die »feindselige Gesinnung« wurde von den Juden »herausgefordert« oder »herbeigeführt«? Bewunderungswürdiger Euphemismus! Der Präsident der Republik erlaubte niemandem, sich darüber einer Täuschung hinzugeben. Lesen wir gemeinsam, hochwürdiger Pater: »Trotz der bisweilen stärker, bisweilen schwächer werdenden Flut feindseliger Gesinnung, die sie in einigen Ländern und gewissen Zeitabschnitten herausforderten, genauer herbeiführten, hatte sich zu ihren Gunsten ein beträchtliches Maß an Interesse oder sogar Sympathie gebildet, vor allem — man muß es hervorheben — innerhalb der Christenheit.«

Einmal mehr können wir die Kunst des »Fürsten« bewundern. Natürlich wußten wir es seit langem: die Verfolgten tragen die Verantwortung für die Verfolgung. Hinsichtlich des Maßes an Interesse und Sympathie, das innerhalb der Christenheit zugunsten der Juden bestanden haben soll, möchte ich dem Staatspräsidenten einige Bücher über die Geschichte des Antisemitismus empfehlen. Die Doktrin antijüdischer Verachtung, die Pogrome im Rheinland am Vorabend des ersten Kreuzzugs, zwanzig von Tragik erfüllte Jahrhunderte werden hier in einem literarischen Bravourstück zusammengefaßt, über das man getrost hinwegsehen könnte, nähme der Redner nicht die ganze Welt zum Zeugen seines Genius.

Endlich erscheinen die Juden zum drittenmal im Laufe seiner Ausführungen: als Eroberer der Provinz Quebec. »Unter den Neuankömmlingen, welche die kanadische Regierung zu anglisieren beschloß«, erhalten die Juden einen Ehrenplatz zwischen Mittelmeervölkern, Slaven, Skandinaviern und Asiaten. Noch einmal verdienen die Juden eine besondere Erwähnung.

Aber hat de Gaulle — so sagt mir ein jeder, ob Jude oder Christ — in seinem Handeln nicht die Absurdität der gegen ihn erhobenen Vorwürfe des Antisemitismus bewiesen? Im *Freien Frankreich*, im RPF, in der UNR[1], in den gaullistischen Regierungen wurde den Juden wiederholt die erste Rolle zuteil. General de Gaulle, den Charles de Gaulle nur in der dritten Person erwähnt, kannte anscheinend keinen Unterschied zwischen jüdischen und nicht-jüdischen Franzosen. Warum sollte er sein Werk, seine Vergangenheit, seinen Ruhm verleugnen? Warum sollte derjenige, der Frankreich verkörpern will, sich nicht nur von den Juden, sondern auch von allen anderen trennen, die die von den Juden während des letzten Weltkriegs erlittenen »abscheulichen Verfolgungen« nicht vergessen haben, die der Gedanke an die Gaskammern noch verfolgt, und schließlich auch die, welche es als unnütz, ja sogar schuldhaft empfinden, den zahlreichen, die französische Nation gefährdenden Konflikten noch einen weiteren hinzuzufügen.

Berechtigte Fragen, die dennoch die Tatsachen nicht beseitigen. Frankreichs Juden oder besser die der ganzen Welt haben sogleich die geschichtliche Tragweite der wenigen Worte begriffen, die der Präsident der Republik am 28. November 1967 ausgesprochen hatte. Mit ihnen gab der Staatschef den Antisemiten die feierliche Erlaubnis, von neuem ihre Stimme zu erheben und sich der gleichen Sprache wie vor dem großen Gemetzel zu bedienen. Ein Mann wie Xavier Vallat, zum Beispiel, zögerte keinen Augenblick. Mit einem Schlage wurde der Staats-Antisemitismus wieder *salonfähig*[2]. Jeden Menschen guten Willens fordere ich auf, mir in diesem Punkt zu widersprechen: De Gaulle mußte die leidenschaftlichen Stellungnahmen, die er »heraus-

[1] *Freies Frankreich*: 1940 von de Gaulle gegründete Widerstandsbewegung. RPF und UNR: 1947 und 1958 entstandene gaullistische Organisationen. Anm. d. Übers.

[2] Deutsch im Original.

gefordert, genauer herbeigeführt« hat, vorhersehen. Kein westlicher Staatsmann hat es je unternommen, in diesem Stil von den Juden zu sprechen, sie mit zwei Eigenschaftswörtern als »Volk« zu kennzeichnen. Jener Stil und jene Eigenschaftswörter sind bekannt; sie gehören zum Wortschatz der Drumont und Maurras[1], nicht zu dem Hitlers. Ein »herrschbegieriges« Volk ruft um so mehr Furcht und Gegenmaßnahmen hervor, als es die Bezeichnung »Elite« verdient. Schließlich hat Georges Bernanos stets irgendeine Verwandtschaft zwischen seinem alten Lehrer Drumont, dem er bis zuletzt treu blieb, und Hitler, der in ihm unübertreffliches Entsetzen bewirkte, bestritten.

Seit zwanzig Jahren verbot ein Tabu, über dieses Thema zu sprechen. Einer meiner Freunde sagte mir, die Juden hätten eine Art Terror ausgeübt; die Erinnerung an ihre Toten wachrufend, verhinderten sie das Gespräch über ein Problem, das allein deshalb fortbesteht, weil man sein Vorhandensein leugnet. Allerdings geschieht es auch, daß ein Problem erst geschaffen wird, indem man es aufwirft. Aber geben wir zu, es gäbe eines. Naiverweise glaubte ich, ein »gewisses Schweigen« sei weniger durch jüdischen Terror als durch Gewissenszweifel hervorgerufen. Hätte Drumont, wenn er noch Zeuge des großen Völkermords gewesen wäre, vielleicht gedacht: »Ich habe es nicht gewollt«? Oder wäre er in seiner Selbstkritik noch weitergegangen?

Wahrscheinlich täuschte ich mich. Lassen wir die Toten ihre Toten begraben. Kein Jude darf den Antisemiten Schweigen gebieten, indem er an das vergangene Unglück, so maßlos es auch gewesen ist, erinnert. Ich werde die Antisemiten des Jahres 1967 nicht Hitler und seinen Anhängern gleichsetzen, um sie unge-

[1] Edouard Drumont (1844–1917), Verfasser antisemitischer Schriften, Anhänger der Verurteilung des Hauptmanns Dreyfus.
Charles Maurras (1868–1952), Schriftsteller und Haupt der Royalisten, Leitartikler der *Action Française*, Befürworter staatlicher Maßnahmen gegen Juden. 1945 wegen seiner Unterstützung des Vichy-Regimes zu lebenslänglichem Gefängnis verurteilt. Anm. d. Übers.

hört abzuwerten. Als freier Schriftsteller in einem freien Lande möchte ich dennoch sagen, daß de Gaulle bewußt einen neuen Abschnitt der jüdischen Geschichte und vielleicht des Antisemitismus eröffnet hat. Alles wird wieder möglich, alles beginnt wieder von neuem. Gewiß ist die Rede nicht von Verfolgung, nur von »feindseliger Gesinnung«. Es ist nicht die Zeit der Verachtung, sondern des Argwohns. Beginnen wir also die notwendig gewordene Debatte.

General de Gaulle hat in dem letzten seiner zweimal im Jahre stattfindenden Monologe Israel und Quebec lange Ausführungen gewidmet. Auf den ersten Blick überrascht solche Beharrlichkeit ein wenig. Weder im einen noch im anderen Fall hat die Pressekonferenz den vorher bekannten Standpunkt wesentlich verändert. Israelis und Araber wußten, welcher Seite de Gaulles Sympathie gehörte oder genauer, welche Partei er ergriffen hatte. (Seit dem französischen Votum in den Vereinten Nationen hat sich auch die fiktive Neutralität verflüchtigt.) Desgleichen war den Bewohnern der Provinz Quebec bekannt – auch wenn sie es nicht alle wissen wollten –, daß der französische Staatschef ihnen die Souveränität, das heißt die staatliche Lostrennung empfiehlt. Doch so glanzvoll das Wort sein mag: es ist weder imstande, den Frieden am Suezkanal und Jordan noch die materiellen Voraussetzungen der politisch-wirtschaftlichen Unabhängigkeit an den Ufern des Saint-Laurent zu stiften.
So läßt sich die Bedeutung, die de Gaulle den beiden letzten Krisen seines Regimes beimaß, kaum auf den Willen zurückführen, den Lauf der Ereignisse zu beeinflussen. Das vom General entworfene Projekt einer Lösung des israelisch-arabischen Konflikts enthält, in feiner Mischung, von allen Beteiligten abgelehnte Bestimmungen. Es ist weder besser noch schlechter als andere Pläne und hat in der gegenwärtigen Lage nicht die geringste Aussicht, angenommen zu werden. In Wirklichkeit handelt es

sich um keinen Friedensplan, sondern um die Austragung eines
Konflikts — mit jenen französischen Journalisten, die zweimal in
sechs Monaten sich der Majestätsbeleidigung schuldig machten,
indem sie die französische Außenpolitik tadelten und die öffentliche Meinung (oder einen Teil davon) von dem trennten, der
seit Juni 1940 und vielleicht noch länger die Legitimität Frankreichs zu verkörpern vorgibt.

»Wie hätte Valéry unsere Presse gekennzeichnet, hätte er erlebt,
was so viele unserer Blätter anläßlich des Besuchs von General de
Gaulle bei den Franzosen Kanadas geschrieben haben?« In der
Quebec-Affäre hatte sich die Presse zwischen den General und die
Öffentlichkeit gestellt, in die Nahost-Affäre schalteten sich die
Juden ein. Die Interpreten aus dem Elysée ließen uns über den
Sinn der Worte nicht im unklaren. Nach ihrem Zusammenschluß
in Palästina schlagen die Juden, nunmehr die israelische Nation,
den Weg der Eroberungen ein. Die in der Welt Verstreuten müssen zwischen ihrem Vaterland und Israel wählen. Es ist richtig,
daß sie wählen müssen — und die überwiegende Mehrheit der
französischen Juden hat, ohne Zögern und ohne Einschränkung,
sich für Frankreich entschieden. Aber kann es ihnen je gelingen,
ihren alten »selbstbewußten und herrschbegierigen« Charakter
abzustreifen, wenn ihnen das im Laufe von zwanzig Jahrhunderten mißlang? Werden sie als französische Bürger das Recht
verlieren, ein wenig Zuneigung für Israel zu empfinden und auszudrücken?

Geben wir acht und hüten wir uns, in eine Falle zu stolpern. Mit
der Einfügung des einen Satzes über das »jüdische Volk« in den
Abschnitt über die Entstehung des Staats Israel forderte de
Gaulle absichtlich zwei Stellungnahmen heraus: Verteidigung
Israels und Verurteilung der summarischen, wenn nicht sogar
beleidigenden Bewertung der Juden als solche. Das Zusammentreffen dieser beiden Antworten würde dann folgerichtig der Beschuldigung einer doppelten Staatsbindung als neue Grundlage

dienen können. Innerhalb des Judentums wäre die Spaltung unvermeidlich. Die einen würden ihre alleinige, ausschließliche Verbundenheit mit Frankreich noch stärker betonen; die anderen
aber könnten das gleichzeitige Recht auf französische Staatsbürgerschaft und Sympathie für Israel beanspruchen. Gegenseitige
Anklagen über die Begünstigung des Antisemitismus oder den
Verrat am Judentum wären die Folge. Schuld entstände in beiden Fällen: sei es, man billigte nicht widerspruchslos die Kehrt-
wendungen der Staatsraison (in ihrer gaullistischen Deutung),
sei es, man billigte sie, was als Verrat am Vaterland oder an den
Brüdern ausgelegt werden könnte.

Versuchen wir indes zu unterscheiden, was der Machiavellismus
eines Mannes und die Geschichte von zwanzig Jahrhunderten
unentwirrbar zu verknüpfen trachten. Jeder Franzose, ob Jude
oder Nichtjude, besitzt nach der Verfassung das Recht, zu Worten und Taten des Präsidenten der Republik frei Stellung zu nehmen. Kritik kommt keiner Beleidigung des Staatschefs gleich.

Niemals habe ich an die Beständigkeit des ausschließlichen Bündnisses zwischen Frankreich und Israel im Nahen Osten geglaubt.
Als Ergebnis des Kampfes, den Frankreich in Nordafrika um die
Aufrechterhaltung seiner Souveränität führte, mußte das Bündnis gefährdet werden, sobald die Bedingungen sich änderten.
Wer das Wesen der internationalen Beziehungen erkannt hat,
darf sich weder erstaunt noch entrüstet zeigen, wenn die Berechnungen der »kaltblütigen Raubtiere« den Feind in einen Verbündeten und den Verbündeten in einen Feind verwandeln. Als
Ben Gurion nach Paris kam, war Israel noch ein Freund und
Bundesgenosse, und dennoch behauptet de Gaulle im Jahre 1967,
»im Schutze der französisch-britischen Suezexpedition sah man
einen kriegerischen israelischen Staat entstehen, der entschlossen war, sich auszubreiten.« Die Frage ist berechtigt, ob es nicht
dem eigenen nationalen Interesse besser entsprochen hätte, die
den ungeschriebenen Gesetzen des internationalen Dschungels

so gemäße Kehrtwendung in einem weniger herausfordernden Stil vorzunehmen.

Schließlich haben die Lehrmeister des Machiavellismus ihren Fürsten nie empfohlen, die äußeren Zeichen des Zynismus zur Schau zu stellen. Die gewöhnlichen Sterblichen, deren kleine Statur sie von den elysäischen Höhen entfernt hält, leben nicht nach den Erfordernissen der Machtpolitik. Naive, ursprüngliche Gefühle erwecken in ihnen den Glauben, ihr Staatschef gehöre zur gleichen Menschengattung wie sie, er berücksichtige neben den nationalen Belangen auch gewisse Unwägbarkeiten der Gerechtigkeit und des Schmerzes . . .

Lassen wir das beiseite. Die Juden mögen unter dem Bruch des Bündnisses zwischen Frankreich und Israel — das ihre Stellung als französische Bürger jüdischer Herkunft[1] außerordentlich erleichterte — leiden, sie mögen dessen Auflösung bedauern, über die Vor- und Nachteile der Sache vom Standpunkt des Nationalinteresses abhandeln, auf den sich der Staatschef mit Recht beruft. Nicht mehr, nicht weniger. So eigenartig Israel in vieler Hinsicht auch sein mag, als Staat ist es ein Staat wie alle anderen, kein gerechter, aber ein gewalttätiger, vom Tode bedrohter Staat, der zu seinem Überleben Macht anzuwenden gezwungen ist. Unter Raubtieren herrscht keine andauernde Freundschaft.

Übrigens hatten die französischen Juden, einschließlich der Israel-Freiwilligen (bisweilen leidenschaftliche Gaullisten), Verständnis für Frankreichs Neutralität gegenüber den arabischen Ländern und Israel. Nach der Verwirklichung der Unabhängigkeit Algeriens und der Vollendung der Entkolonisierung hätte jede französische Regierung versucht, die sogenannten traditionellen Bande mit den arabischen Nahostländern wieder enger zu knüp-

---

[1] Ich verwende diesen Ausdruck mangels eines besseren, um jene Juden, denen ich mich zurechne, zu bezeichnen, die weder gläubig sind noch religiöse Gebräuche beachten und sogar nichts von ›jüdischer Kultur‹ bewahrt haben.

fen. General de Gaulle unternahm es erfolgreich, ohne Stellung gegen Israel zu beziehen. Wahrscheinlich besaß er den edlen Ehrgeiz, »Israel und Ismael« zu versöhnen. Wenn ich recht unterrichtet bin, glaubte er sich schon nahe am Ziel. Vielleicht drückt die Heftigkeit seiner Worte nur eine Enttäuschung aus, die so groß wie die einstige Hoffnung ist.

Natürlich richtet er seine Vorwürfe vor allem gegen andere. Erinnern wir uns der Krise im Mai und Juni 1967. Das Interesse Frankreichs, der arabischen Länder, selbst Israels (was auch die Israelis darüber denken mögen) erforderte gebieterisch die Vermeidung des Krieges. Angehörige beider Parteien wünschten wahrscheinlich im Grunde die militärische Auseinandersetzung, obwohl eine solche Episode innerhalb eines verlängerten Konflikts keineswegs etwas zu lösen vermag. Für den Kenner der Nahostlage machte die Sperrung des Golfs von Akaba den Krieg sehr wahrscheinlich. Die Ägypter waren sich dessen genauso bewußt wie die Israelis. Heute bietet die Akaba-Affäre, »von Ägypten unseligerweise heraufbeschworen« (welch reizende Beschönigung!), »jenen einen Vorwand, die davon träumten, ihren Streit durch Krieg zu bereinigen«. Zufällig speiste ich damals gemeinsam mit einem Minister, der gerade aus dem Elysée kam und mir anhand zahlreicher Handelsstatistiken auseinandersetzte, daß letztlich die ganze »Affäre« keine Folgen haben würde. Vergeblich versuchte ich, ihn vom Gegenteil zu überzeugen. Hätte de Gaulle seinen Einfluß bei Nasser dazu gebraucht, um ihn vom Abenteuer abzuhalten und die von der IV. Republik zugunsten der Aufrechterhaltung der freien Schiffahrt im Golf von Akaba übernommene Verpflichtung zu verteidigen, dann wäre der Sechstage-Krieg vermieden worden. Allerdings hätte dann de Gaulle aus seiner ebenso eitlen wie einsamen Weisheit keinen Ruhm gewinnen können. Die wirksame Tat wäre an die Stelle des ruhmreichen Wortes getreten.

Die französische Regierung beging den gleichen Fehler wie die jugoslawische und indische. Vertreter beider Länder in den Vereinten Nationen drängten U Thant, Nasser so schnell wie möglich Genugtuung zu verschaffen, das heißt die UN-Truppen zurückzuziehen und auf diese Weise die Höllenmaschine zu zünden. Desgleichen unternahm de Gaulle nichts, um die Blockade des Golfs von Akaba, den ägyptischen Truppenaufmarsch auf der Sinaihalbinsel, das jordanisch-syrische Bündnis, den Einmarsch irakischer Streitkräfte in Jordanien zu verhindern, kurzum jene Ereignisse abzuwehren, die zwangsläufig die Explosion hervorriefen. Nach seinem von der Sowjetunion abgelehnten Vorschlag einer Vierer-Konferenz (eine Ablehnung, die nicht hätte überraschen dürfen), entschloß er sich, in Ermangelung eines Besseren, von der Höhe des Olymps feierlich denjenigen im voraus zu verurteilen, der den ersten Schuß abgeben würde. Ein Blick auf die Karte genügte, um fast mit Sicherheit vorherzusehen, wer logischerweise den ersten Schuß abgeben mußte. Von diesem Tage ab verzichtete Frankreich auf seine Neutralität und nahm Partei. Die Israelis machten sich der Beleidigung de Gaulles schuldig, da sie die Rettung ihrer Städte dem Ausdruck der Achtung und des Mitleids vorzogen, den der General auf seiner nächsten Pressekonferenz ihnen als Gegengabe für ihren Gehorsam bezeugt hätte. Anstelle des israelischen Premiers Levi Eschkol hätte der Autor von ›Des Schwertes Schneide‹[1] natürlich nicht anders gehandelt.

Untätig, als er vielleicht noch eine Möglichkeit besaß, den Konflikt zu verhindern, mit scharfen Worten attackierend, als ihm jedes Mittel zur Aktion fehlte, fügte der General seinen Heldentaten noch einige Gelegenheitsfloskeln hinzu. Vor der Begegnung Kossygins mit Johnson in Glassboro behauptete er, Russen und Amerikaner seien wegen des Vietnamkrieges zu keinem Gespräch bereit. In Wirklichkeit war der »heiße Draht« in den

---

[1] Charles de Gaulle: ›Des Schwertes Schneide‹. Frankfurt/M., 1961.

frühen Morgenstunden des 5. Juni im Gange, und die beiden Großmächte hatten sich für die Nichteinmischung entschieden. In den ersten Sitzungen der Vereinten Nationen nach dem Ausbruch der Krise unternahmen die französischen Vertreter, mit geringem Erfolg, zahlreiche Versuche, um die französischsprechenden Staaten Afrikas für die sowjetische Entschließung zu gewinnen.

Das ist Staatsraison, antwortet der Gaullist, Zuneigung oder Abneigung haben nicht die mindeste Bedeutung. Mit der arabischen Welt wiederversöhnt, durfte sich Frankreich keine Gelegenheit entgehen lassen, um Beziehungen zu verstärken, die selbst der Algerienkrieg nicht ganz unterbrochen hatte. Solange Frankreich neutral war, hob sich seine Haltung nicht deutlich genug von derjenigen der Vereinigten Staaten und Großbritanniens ab. Die im voraus verkündete Anklage gegen jenen, der den ersten Schuß abgeben würde, schuf den Eindruck einer Neutralität und machte sie gleichzeitig unmöglich. Die französische Öffentlichkeit – in ihrer Mehrheit israelfreundlich, aber friedliebend – war erschüttert.

Es ist möglich, daß man keinen besseren Vorwand fand, nachdem einmal der Beschluß vorlag, sich auf die Seite der arabischen Länder zu stellen. Dennoch muß die Art des französischen Präsidenten sowohl über Recht und Unrecht zu befinden als souveränen Staaten Befehle zu erteilen, ein Lächeln hervorrufen. Entspringt des Generals Gereiztheit nicht wenigstens teilweise der Täuschung, der er sich hinsichtlich der Macht seiner Interdikte hingab, – eine Täuschung, die vielleicht seine neuen »Verbündeten und Freunde« in Kairo und Damaskus teilten?

Soweit ich es beurteilen kann, hat de Gaulle weder die Folgen der »unerfreulichen« Akaba-Affäre noch die Schnelligkeit des israelischen Siegs vorhergesehen. Vor israelischen Besuchern betonte er die Notwendigkeit eines Viermächte-Übereinkommens oder noch genauer: die Dringlichkeit von Verhandlungen mit der Sowjetunion, da er den Vietnamkrieg mit dem israelisch-arabischen Konflikt verband. Die israelischen Diplomaten fragten sich, auf welches Wunder de Gaulle wohl baute, um die Verantwortlichen des Kreml zum Gedanken einer friedlichen Lösung zu bekehren. Die gaullistische These, die Sowjetregierung führe im Vorderen Orient nur ein Ablenkungsmanöver als Antwort auf die amerikanische Aggression in Vietnam aus, fanden sie kaum überzeugend. Insofern sie diese Hypothese ernsthaft erwogen, beurteilten sie die Möglichkeiten von Verhandlungen zwischen den vier Mächten mit noch größerer Sorge. »Nichts ist möglich ohne sowjetische Beteiligung«, wiederholte de Gaulle. »Gut«, antworteten die Israelis, »aber was wird mit ihr möglich sein?«

Die Bilanz der gaullistischen Politik vom Monat Mai bis zum 28. November 1967 muß noch gezogen werden. Niemand vermag aufrichtig zu behaupten, Gewinn und Verlust seien objektiv aneinander meßbar. Dankbarkeit der arabischen Staaten, israelische Enttäuschung: jeder wird auf seiner Waage das Gewicht dieser immateriellen Güter ergründen wollen. Millionen Menschen, die »eine gewisse Vorstellung von Frankreich« besaßen, trauern ihrer Liebe nach. Im vergangenen August noch sagte mir ein israelischer Minister: »Wir hatten keine Angst: solange de Gaulle, der tapfere Ritter, an der Macht blieb, konnten wir mit Frankreich rechnen.« Ich antwortete ihm: Sie beginnen einen Fehler, den Heiligen Ludwig mit Ludwig XI. zu verwechseln. Aber Millionen anderer Menschen haben *ihr* Frankreich wiedergefunden oder geglaubt, es wiedergefunden zu haben.

Nichts verpflichtete de Gaulle zu einer Entscheidung. Vor dem Mai 1967 besaß er als einziger westlicher Staatsmann das Vertrauen beider Parteien. Heute spricht auch er nur zu einer einzigen. Selbst für Nasser hätte ein de Gaulle, der *persona grata* in Washington wie in Jerusalem wäre, unvergleichlich mehr Wert als ein gelehriger Schüler Titos. Um zu erhalten, was er tatsächlich erhielt, brauchte der französische Präsident nicht zu verlieren, was er niemals wiedergewinnen wird. Betrug im Dienste einer großen Sache wird leicht entschuldigt und findet bisweilen sogar Bewunderung. Anders steht es, wenn das Ziel verdächtig nach Petroleum riecht und der Bündniswechsel, von Launenhaftigkeit, verletztem Ehrgeiz oder obskuren Berechnungen veranlaßt zu sein scheint.

»Sie vergessen das Wesentliche«, entgegnet mir ein gutwilliger Kritiker, der nicht unbedingt ein Gaullist zu sein braucht. »Sie sprechen vom Bündniswechsel, ohne die Umkehrung der Werte in Betracht zu ziehen. Seit dem letzten Juni erscheint Israel der Welt nicht mehr als David gegenüber Goliath, als kleines Volk, von Feinden umgeben, die seinen Tod geschworen haben, sondern als hochmütige Nation, die eine Million Araber unter ihr Joch zwingt. Wieder hat de Gaulle, vor allen anderen, die Entwicklung der nahen Zukunft begriffen. Die öffentliche Meinung in Europa, vielleicht sogar in Amerika, wird Israel ihre Begeisterung von gestern und Enttäuschung von heute teuer bezahlen lassen.«
Der Pressekonferenz zufolge verwandelte sich Israel seit 1956 in einen kriegerischen, zur Ausdehnung entschlossenen Staat. Als Ben Gurion mehrere Jahre danach Paris besuchte, nannte de Gaulle das Land, das sein Gast vertrat, noch »befreundet und verbündet«. Er verkaufte ihm weiter Waffen. Niemand hat vergessen, daß der Einsiedler von Colombey den Mißerfolg der Suezexpedition dem schlechten Regime der IV. Republik ankreidete, ohne den Grundsatz oder die Unmoral der Sache selbst zu verurteilen. Glaubte de Gaulle wirklich, Israel würde »jede sich bietende Gelegenheit« zur Vergrößerung seines Gebiets ausnutzen, dann muß man fragen: Warum verkaufte er ihm weiterhin *Mystère*- und *Mirage*-Flugzeuge? Es sei denn — so lautet die

israelische Darstellung der Gespräche zwischen de Gaulle und Ben Gurion —, der französische Präsident hätte die von ihm heute verurteilte geographische Ausdehnung Israels nicht nur mit Wohlwollen betrachtet, sondern sie geradezu empfohlen. Nach meiner Rückkehr aus Korea verkündete General Mac Arthur naiv, Japan und China hätten ihre Rollen vertauscht, Japan sei vom Bösen zum Guten übergewechselt, während China den umgekehrten Weg gegangen sei. Niemand wird de Gaulle irgendeine Naivität zum Vorwurf machen. Ihm geht es um Staatsraison, nicht um Moral.

Aber uns? Darauf werde ich die Antwort nicht verweigern. Durch die Beteiligung an der französisch-britischen Expedition schädigte Israel seine Sache. Zynisch benutzte es das letzte Aufbäumen des Imperialismus, um Ägypten eine Lehre zu erteilen, das Eindringen der terroristischen Fedayin auszuschalten, Elat der Schiffahrt zu eröffnen. Wogen die Vorteile die moralischen Kosten des Unternehmens auf, dessen geheime Vorbereitung im Bunde mit Sir Anthony und Guy Mollet den besten, wahren Freunden Israels unannehmbar war? Darüber müssen die Israelis selbst entscheiden. Ich behaupte nicht, im Namen des Weltgewissens zu richten. Als französischer Bürger mißbilligte ich aus moralischen wie aus politischen Gründen das ganze Unternehmen. Die Besetzung des Suezkanals und sogar der Sturz Nassers hätten den Frieden weder in Algerien noch im Nahen Osten herbeigeführt. Der Zynismus bietet keine Garantie für Wirksamkeit.

Manche möchten heute, im Licht der Ereignisse von 1967, wieder zu Ehren bringen, was nichts als ein schnelles Vergessen verdient. Hätten die Vereinigten Staaten Franzosen und Engländer handeln lassen, so sagt man uns, und hätten diese — dem russisch-amerikanischen Widerstand zum Trotz — den Mut besessen, bis ans Ende zu gehen, dann wäre der Welt ein Krieg erspart geblieben. Ich möchte jetzt weder von der Vorbereitung des fran-

zösisch-englisch-israelischen Angriffs noch von der jeweiligen
Verantwortung der Beteiligten sprechen. Keine Nachsicht empfinde ich für John Foster Dulles und Sir Anthony Eden. Aber in
letzter Analyse müssen jene, die den Entschluß fassen, die Waffen zu ergreifen, zumindest das Kräfteverhältnis und die wahrscheinliche Reaktion der verschiedenen Akteure abschätzen können. Mit der amerikanischen Verurteilung einer ins zwanzigste
Jahrhundert herübergeretteten Kanonenbootdiplomatie konnte
durchaus gerechnet werden. Und welche ägyptische Regierung
wäre auf die Nassers gefolgt, wenn französisch-britische Streitkräfte einige Monate die Kanalzone besetzt und sich dann zu-
rückgezogen hätten? Die Franzosen leisteten 1956 absichtlich,
die Briten ungewollt dem israelischen Staat Beistand. Die Verantwortlichen dieses Staats waren der Ansicht, daß die Lage, in
der sie sich befanden, ihnen den Aufwand moralischer Beden-
ken verbiete. Elf Jahre danach bin ich noch immer nicht bereit,
ihnen recht zu geben.
Zwischen 1956 und 1967 blieben meine Verantwortung gegenüber Frankreich und meine Gefühle für Israel unverändert. Der
Bündniswechsel hat mich, ungeachtet seiner willkürlich aggressiven Form, nicht überrascht. Ich lasse die von Natur aus unge-
wisse Bewertung von Gewinn und Verlust beiseite und be-
schränke mich auf die Analyse der von de Gaulle heute gegebe-
nen Interpretation der Junikrise. Diese Darstellung erscheint mir
als zutiefst ungerecht oder, besser gesagt, als vorsätzlich ungenau.
Die Akaba-Affäre als den Vorwand für jene zu bezeichnen, die
davon träumten, ihren Streit durch Krieg zu bereinigen, heißt
die Tatsachen entstellen. Oftmals hatte die israelische Regierung
verkündet, die Schließung des Golfs nicht dulden zu wollen,
während der Suezkanal für israelische Schiffe weiter gesperrt
blieb. Nichts von unseren heutigen Erkenntnissen berechtigt uns
dazu, den Staat Israel als eroberungslüstern zu bezeichnen. Ge-

wiß gibt es Männer oder Gruppen, die eine solche Gelegenheit erhofften, die Regierung Levi Eschkol jedoch gehörte zur entgegengesetzten Tendenz. Am Tage des Ausbruchs der Feindseligkeiten stellte der Premierminister jeden territorialen Ehrgeiz in Abrede.

Der Leser möge mir glauben, daß ich keinen vereinfachten Bilderbogen an die Stelle eines anderen setzen will. Die Israelis sind sowenig Engel wie die Araber Ungeheuer (und umgekehrt). Beide stehen sich in einem erbitterten Konflikt gegenüber, den sie immer mehr als unausweichlich ansehen. Im April 1967 wollten weder die Israelis noch Nasser den Krieg, und sie bereiteten ihn auch nicht vor. Die ständige Spannung nahm allmählich zu, israelische Gegenmaßnahmen anworteten terroristischen Anschlägen, syrische »Fortschrittler« warfen dem ägyptischen Staatschef seine Untätigkeit vor. Lehnen Staten es ab, sich gegenseitig zu dulden, und halten sie an ihren Grenzen eine Unsicherheit aufrecht, die offenen Feindseligkeiten nahekommt, dann bewundere ich alle, die aus der Ferne das Recht oder Unrecht von »begrenzten Gegenmaßnahmen« und »übertriebener Gewalttätigkeit« zu beurteilen vorgeben. Den Menschen guten Willens war alles im Nahen Osten ein Dorn im Auge: ganz sicherlich das Los der Flüchtlinge, wie General de Gaulle sagt, aber auch die Beschießung der Kibbutzim durch syrische Artillerie, die Erziehung zum Haß in allen arabischen Schulen, die Vernichtungsdrohung gegen einen von der internationalen Gemeinschaft anerkannten Staat.

Der Ärgernisse wären noch viele anzuführen, doch unbestritten bleibt, daß im Mai 1967 Nasser die ersten Maßnahmen ergriff, die den Krieg in sich trugen »wie eine Wolke das Gewitter«. Durch die Schließung des Golfs von Akaba forderte er nicht nur Israel, sondern auch die Vereinigten Staaten und Großbritannien heraus. Zur gleichen Zeit stieß er Frankreich vor den Kopf, da es seit 1957 ebenfalls eine feierliche Verpflichtung gegenüber

Israel eingegangen war. Es ist wahrscheinlich, daß de Gaulles Abgesandte ihn diesbezüglich im voraus beruhigt hatten. Die Herausforderung beweist noch nicht, daß Nasser den Krieg »wollte«. Durch ihr Ultimatum an Serbien und die Beschießung Belgrads forderte die österreichisch-ungarische Regierung ebenfalls Europa heraus; doch wollte sie deshalb noch nicht den Krieg, auf jeden Fall nicht den Krieg, der 1914 ausbrach. Vielleicht hätte sich Nasser mit dem diplomatischen Erfolg begnügt, den die Sperrung des Golfs nach dem Abzug der UN-Truppen darstellte. Aber er wußte sehr wohl — sein Sprecher hatte es bekannt —, daß er auf diese Weise Israel gewissermaßen zum Krieg zwang. Und er rechnete damit, diesen Krieg, wenn nicht entscheidend zu gewinnen, doch zumindest nicht zu verlieren. Einige Tage in unentschiedenen Kämpfen auszuhalten, wäre für Ägypten einem Sieg gleichgekommen, der letztlich ein Todesurteil für Israel gewesen wäre.

Entgegnet man nun, daß der ägyptische Staatschef, angesichts des auf dem Kriegsschauplatz enthüllten Kräfteverhältnisses keine aggressiven Absichten haben konnte? Der Einwand wird nicht erhoben. Es genügt, de Gaulles Mitarbeiter über dessen Ansicht nach den ersten Erfolgen der Israelis zu befragen. In Jerusalem sah der verzweifelte Ben Gurion weder eine Hoffnung in der Kapitulation noch im Wagnis des Angriffs. Die Minister vermochten den Worten der Generale der Luftwaffe nicht zu glauben, denen es sogar nicht immer gelang, die Führer der anderen Waffengattungen zu überzeugen.

Nachdem Herausforderungen und Mobilmachungen aufeinander gefolgt waren, wurde Ende Mai der Waffengang unvermeidlich. Damals glaubte ich — und ich glaube es noch heute —, daß der israelischen Regierung kaum eine andere Möglichkeit verblieb und die entscheidende Verantwortung ihren Feinden zufiel. General de Gaulle hatte seine Intervention für den Fall zugesagt, daß Israel sich in tödlicher Gefahr befände, und nach Aussage von Informationsminister Gorse besitzt ein Versprechen de Gaulles seinen Wert. Doch hätte er Israel, außer einer Pressekonferenz, eine andere Hilfe gegeben?

Das waren im letzten Frühjahr die Gefühle der meisten Franzosen, der meisten Europäer, auch im sozialistischen Europa, ungeachtet der Stellungnahme der Regierungen. Wahrscheinlich haben diese Gefühle im Laufe der Zeit ihre ursprüngliche Frische und Natürlichkeit eingebüßt, doch damals herrschte die Furcht vor, ein Staat, eine Nation könnte ausgerottet werden. Nun hat diese Nation — aus einem verstreuten »Volk« hervorgegangen, das während Jahrhunderten die schlimmsten Verfolgungen erlitt und sie schließlich doch überlebte — plötzlich einen glänzenden Sieg errungen. Sein Leben rettend, läuft es Gefahr, seine Seele zu verlieren: israelische Soldaten haben sich in Soldaten einer Besatzungsmacht verwandelt.

Fragen, die sich im Augenblick höchster Erregung niemand stellte, beschäftigen jetzt jeden. Hat Israel die öffentliche Meinung manipuliert? Hat es eine erdichtete Ausrottungsgefahr benutzt, um Eroberungsziele zu erreichen?

Die Propaganda zugunsten Israels besorgten die Araber selbst. Nachträglich geben die Drohungen der palästinischen Befreiungsorganisation einen hohlen Klang. Niemand vernimmt sie mehr, sie sind im Panzerlärm und Wüstensand untergegangen. Im Sand jener Wüste, die verstörte, verdurstende und sonnenverbrannte ägyptische Soldaten durchzogen, denen der Sieg versprochen worden war, das Zusammentreffen in Tel Aviv mit ihren syrischen Kameraden in der Freude des Blutbads und der Beuteverteilung. Heute beurteilen wir unsere gestrigen Gefühle als übertrieben, aber — ich spreche für mich — wir verleugnen sie nicht. Millionen Juden und Nichtjuden, in Europa und Amerika, in Warschau und Paris, haben sie geteilt. Wir täuschten uns — ich bitte meine arabischen Freunde aus Tunesien, Algerien, Marokko, auch aus Ägypten (ich glaube nicht, ihre Freundschaft verloren zu haben) um Vergebung — zwar in der militärischen Kampfkraft der Ägypter, Jordanier und Syrer; doch nicht im Los, das die israelische Nation im Falle ihrer Niederlage erwartete —, das ihr auch morgen bevorsteht, sollte sie eine Schlacht verlieren. Die Araber können Schlachten um Schlachten verlieren, um letztlich dennoch den Krieg zu gewinnen, da sie Zeit, Raum und Überzahl besitzen. Israel würde sowohl den Krieg als auch das Leben verlieren, wenn es eine einzige Schlacht verlöre. David schlug zum drittenmal Goliath nieder, aber er bleibt David, zeitweise durch seine Intelligenz (im modernen Sinn: durch die Beherrschung der Technik) überlegen, aber, nach wie vor, ohne Reserven, ohne Rückzugsstellung. Zwar gelang der belagerten Festung ein siegreicher Ausbruch, die Vergrößerung der Verteidigungsfläche, doch bleibt die Belagerung und wird noch Jahre, vielleicht Jahrzehnte bleiben.

Ein sehr guter Freund stellte mir die Frage: Hatte die israelfreundliche Begeisterung im letzten Juni nicht etwas Zweideutiges, bisweilen sogar Unerfreuliches? »Unpassende Kundgebungen«, urteilt ein Verfasser, den man sich kaum als Schiedsrichter des Anstands vorgestellt hätte, in einem Leserbrief an ›Le Monde‹. Auch mir gefielen weder die Scharen von Jugendlichen, die die Champs-Elysées mit dem Ruf: »Israel wird siegen!« hochzogen noch die vor der israelischen Botschaft versammelte Menge. Ebensowenig schätzte ich die Freunde des französischen Algerien und die Verfechter der Suezexpedition, die sich Israels zur Fortsetzung ihres Kriegs gegen die Araber bedienten. Die kollektiven Leidenschaften übertreiben das beste wie das schlechteste; wer sich heute zum Richter politischer Sittlichkeit aufwertet, hat nicht immer subtilen Sinn für Unterscheidungen bewiesen. Wie dem auch sei, auch wenn wir die Kritik der Männer akzeptieren, die letzten Juni in jedem Augenblick ihre Kaltblütigkeit bewahrten, nicht die geringste Unruhe angesichts des Lebens der israelischen Bevölkerung verspürten oder die, mit Statistiken ausgerüstet, die zweieinhalb Millionen Juden mit den vielen Millionen an der Grenze des Hungertods darbenden Indern verglichen. — Jene Franzosen, Juden wie Nichtjuden, die bis ins Innere ihres Seins vom Schicksal dieser kleinen Anzahl betroffen waren, brauchen sich ihrer Gefühle nicht zu schämen. Müssen sie um Verzeihung bitten? Wer fühlte sich vom indisch-pakistanischen Konflikt »betroffen«? Die Auseinandersetzung zwischen Israelis und Arabern hat Millionen Franzosen und Engländer, Deutsche und Russen erschüttert, nicht weil es eine »jüdische Verschwörung« gab oder weil jüdische Franzosen (bzw. französische Juden) im Rundfunk sprachen oder in der Presse schrieben (mein Freund Yves Cuau, Korrespondent des ›Figaro‹ in Israel, widerstand der Leidenschaft weniger als ich). In einer von christlichen Elementen durchdrungenen Welt mußte das Schicksal des Volkes, dem Christus entstammt, in jedem Gläubigen oder Ungläubigen Kindheitserinnerungen und unruhige Gefühle hervorrufen. Das Volk, das den Erlöser nicht anerkannte, wurde jahrhundertelang selbst zu einem Christus unter den Völkern, das Antlitz mit Speichel bedeckt, — ein Christus, dem sogar Voltaire vorwarf, einen für christliche Nasen unerträglichen Gestank zu verbreiten . . . bis zu dem Tag, da sich in dem Deutschland Mendelssohns und Nietzsches der Rauch der Todesfabriken erhob.

Gut, wird mir ein verständnisvoller Kritiker antworten, das christliche Europa, seit zwanzig Jahren eher Vergessen als Verstehen suchend, hat sich seiner Gewissenszweifel entledigt, indem es im voraus den Völkermord verurteilte, der angeblich die Israelis bedrohte. Aber hätten französische Juden, die — wie Sie selber — behaupten, französische Staatsbürger »wie die anderen« zu sein, sich nicht, genau wie die aus Nordafrika vertriebenen und nicht nach Israel gegangenen Juden, aller Worte und Gesten enthalten sollen, die der Anklage »doppelter Staatsbindung« Vorschub leisteten? Was sich in jenen wahnsinnigen

Tagen ereignete, machte den Umschwung unvermeidlich, den de Gaulle nicht so sehr einleitete als ausdrückte.

Gewiß, mein Bruder, der du so weise wie alle Menschen bist, wenn du von anderen sprichst. Es wäre besser gewesen, wenn... Die Juden hätten nicht dies oder jenes tun dürfen ... All das ist selbstverständlich. Ich gestehe es: nach der Junisonne erwartete auch ich den Novemberreif. Dieselben, die an der israelfreundlichen Begeisterung teilnahmen, gingen im Herbst dazu über, den Juden Gefühle vorzuwerfen, die sie selber als Nichtjuden empfunden hatten. Man vergißt die entscheidende Tatsache, die allein die fast vollständige Einmütigkeit der französischen Juden erklärt: Weil die Sympathien der Mehrheit des französischen Volkes in jenen Tagen Israel gehörten, gaben sich die Juden einer wunderbaren Freude hin, der Versöhnung ihrer französischen Staatsbürgerschaft mit ihrem Judentum. Durch ihr Bekenntnis zur Sache Israels trennten sie sich nicht von den Franzosen, sie verbanden sich mit ihnen. Es war zu schön, um von Dauer zu sein. Auch sie glaubten an den Weihnachtsmann. Ein wie ich dem Judentum entfremdeter Freund weist mich auf einen Ausweg hin. Lassen sich nicht die Auswüchse der proisraelischen Gesinnung und die »unpassenden Kundgebungen« den jüdischen Neuankömmlingen zuschreiben, die Nordafrika nach der Verwirklichung der Unabhängigkeit der Länder des Maghreb verließen? Die »Assimilierten« hätten solche Unarten, die mit Recht den Staatchef verärgerten, gewiß vermieden. Man möge mir verzeihen: ich schäme mich der These, die düstere Erinnerungen in mir weckt. 1933 habe ich oft genug in den Debatten Berliner Studentenvereinigungen über die »Judenfrage« angehört, wie nationalsozialistische Redner jüdische Gesprächspartner aufforderten, ihre aus Polen neu angekommenen Glaubensgenossen zu tadeln oder zumindest von ihnen abzurücken. Man müßte unterscheiden, meinten sie mit süßlicher Stimme: was für die seit Generationen in Deutschland ansässigen Juden gelte,

gelte nicht für die mit allen Sünden sowohl der Polen als der Juden belasteten »Polacken«. Nein, ich werde keine Feigheit begehen, die man allen Grund hätte, mir morgen vorzuwerfen. Als Soziologe lehne ich natürlich Unterscheidungen nicht ab, die Jahrhunderte in das Bewußtsein von Menschen und Gruppen gezeichnet haben. Ein antisemitischer Franzose steht mir weniger fern als ein südmarokkanischer Jude, der keine andere Sprache als Arabisch spricht und kaum jene Epoche verlassen hat, die mir als Mittelalter oder besser als undurchdringliche Dunkelheit vollständig fremder Kulturen erscheint. Aber an dem Tage, an dem ein Souverän verordnet, die verstreuten Juden bildeten »ein selbstbewußtes und herrschbegieriges Volk«, verbleibt mir keine Wahl. Nur Kinder verteidigen sich, indem sie andere beschuldigen: »Das war nicht ich, das war er.«

Wenden wir uns wieder dem Juni 1967 zu. Ich sprach eben von der fast vollständigen Einmütigkeit der jüdischen Gemeinschaft. Nun ist diese Gemeinschaft an und für sich gar nicht vorhanden, da sie keine Organisation besitzt, keine besitzen kann und darf. Mir ist der Prozentsatz der Gläubigen und Ungläubigen unter jenen, die die Vichy-Regierung als Juden bezeichnete und die dem »herrschbegierigen Volk« angehören, nicht bekannt. Aber keiner der mir befreundeten Juden glaubt sich vom Konsistorium oder vom Vereinigten Jüdischen Sozialfonds vertreten. Dieser ist eine Wohltätigkeits- und Fürsorgevereinigung, jener eine zivilrechtliche Institution mit kultischen Aufgaben. Keiner von beiden entspricht einem Interessenverband. Die Zeitschrift ›L'Arche‹ widerspiegelt mitnichten die Gefühle des französischen Judentums. Aus vielleicht bedauerlichen, wenn auch verständlichen Gründen gehören ihre Redakteure zur Minderheit französischer Juden, die religiöse Überzeugung, Zionismus oder Treue zu einer Überlieferung, in welcher Nation, Kultur und Religion verschmelzen, leidenschaftlich mit Israel verbinden.

Die meisten französischen Juden kennen ›L'Arche‹ noch nicht

einmal. Auf allen Gebieten verfechten sie verschiedene Meinungen, die einen gehören zur Linken, die anderen zur Rechten. Viele hatten sich dem Kult General de Gaulles verschrieben. Unter den linken Intellektuellen jüdischen Ursprungs gab es zahlreiche Antigaullisten, aber ihre Haltung ähnelte mehr der anderer Linksintellektueller als anderer Juden. Kurzum, die Meinungen französischer Juden verteilen sich, mehr oder weniger wie die anderer Franzosen, auf verschiedene Parteien, — vielleicht mit der einen Einschränkung, daß sie den Ideen von 1789 (und den sich darauf berufenden Parteien), die ihre »Befreiung« brachten, eine Art ursprünglicher Treue bewahren. Vielleicht wird man zugeben, daß ein Jude nicht verpflichtet ist, der *Action française* beizutreten, um seine staatsbürgerliche Gesinnung zu erhärten.

Warum an diese allzu bekannten Tatsachen erinnern? Es beginnt wieder eine Zeit, in der es nützlich ist, Selbstverständliches zu wiederholen. Einiges gilt es zu ergründen: das der französischen Öffentlichkeit gebotene Bild eines einheitlichen Blocks der bislang innerhalb der Nation verstreuten französischen Juden — ist es ein falsches Bild? Teilweise gewiß. ›Le Monde‹ hat Briefe veröffentlicht, in denen Juden israelfeindliche Gefühle ausdrückten und die militärische Aggression verurteilten. Die Pazifisten unter den Juden hörten nicht auf, Pazifisten zu sein, als Israel zu den Waffen griff. In der dem israelisch-arabischen Konflikt gewidmeten Sonderausgabe der ›Temps modernes‹[1] war der beste Beitrag zur Verteidigung der arabischen Sache von einem jüdischen Autor geschrieben worden, dessen einsamen Standpunkt ich achte. Von den Juden verstoßen, wird er von den Arabern nicht akzeptiert, während die pro- und antiisraelischen Franzosen ihm mißtrauen: Christus oder Judas?

Danach bleibt die Feststellung, daß die französischen Juden zum

---

[1] Von Jean-Paul Sartre herausgegebene Monatszeitschrift. Anmerk. d. Übers.

erstenmal den Eindruck einer Art Gemeinschaft erweckten. Natürlich gab es viele Proteste gegen Edmond de Rothschilds Aufruf, der sich auf die alte Sitte der Juden bezog, zur Hilfe für auf fernem Boden notleidende Brüder eine Steuer zu bezahlen. Die Linksintellektuellen fühlten sich unwohl in der Gemeinschaft mit Baronen der internationalen Hochfinanz. Die Bedeutung der Rothschilds und allgemein der Reichen im Schoße der jüdischen Vereinigungen wurzelt in einer hundertjährigen Geschichte. Wären die Juden, die diese Rolle anklagen oder beklagen, bereit, ihre Zeit wie die Rothschilds (obwohl sie den Glauben verloren haben) dem Konsistorium oder dem Vereinigten Jüdischen Sozialfonds (dem sie ihren Beitrag aus menschlicher Achtung entrichten) zu widmen?

Als Bürger oder Intellektuelle sind die meisten französischen Juden heute jüdische Franzosen. In ruhigen Zeiten kümmern sie sich wenig um ihr Judentum, das ihnen noch nicht einmal bewußt ist und zu dem sie sich anderen gegenüber nur aus Würde bekennen. Sie sind verärgert oder entrüstet, wenn Israelis ihnen vorwerfen, sich vom Judentum abzuwenden oder der Assimilation zuzustimmen. Warum sollten sie einer Religion Treue bezeigen, da sie den Glauben verloren haben? Warum Traditionen folgen, die teilweise von der Umwelt auferlegt wurden? Zwischen Assimilierten (oder dem Judentum Entfremdeten) und den auf verschiedene Weise dem Erbe ihrer Väter Verbundenen ist das Gespräch häufig alles andere als freundlich. Damit habe ich so manche persönliche Erfahrung gemacht.

Warum gibt es die einander ausschließenden Entscheidungen von Juden gegen Juden, auch wenn diese im Rausch kollektiver Emotion wieder versöhnt scheinen? Selbst die Beantwortung dieser Frage wird unter Juden verschiedene Ansichten hervorrufen. Darüber gebe ich mich keiner Selbsttäuschung hin. Die authentisch jüdisch gebliebenen »Glaubensgenossen« deuten meine heutige Haltung nach den Normen ihrer eigenen geistigen Welt.

Mein durch den Entschluß, uneingeschränkt Franzose zu sein, lange Zeit verdrängtes Judentum brach ihrer Meinung nach plötzlich durch und riß die Dämme der reflektierenden Vernunft nieder. Ich behaupte weder diese Dämme noch die letzten Beweggründe meiner Taten besser als andere zu kennen. Zionisten wie Antisemiten lasse ich die Freiheit, meine Ausführungen, ihren Neigungen entsprechend, zu interpretieren. Ich selbst halte mich an das, was innere Erfahrung mich lehrt.

Niemals war ich Zionist, zuerst und vor allem, weil ich mich nicht als Jude empfinde. Ich hielt es für wahrscheinlich, daß der Staat Israel, allein durch sein Vorhandensein, einen langwierigen Konflikt heraufbeschwöre. Ich bin heute sowenig wie gestern bereit, die Politik der Verantwortlichen des israelischen Staats — sie ist weder besser noch schlimmer als die anderer Regierungen — bedingungslos zu unterstützen. Aber ich weiß auch klarer als gestern, daß die Möglichkeit der Zerstörung dieses Staats (begleitet von der Ermordung eines Teils seiner Bevölkerung) mich im Tiefsten meiner Seele verwunden würde. In diesem Sinne habe ich bekannt, daß ein Jude niemals die vollkommene Objektivität erreichen könne, sobald es um Israel geht. (Die Nichtobjektivität ist auch das Kennzeichen des eben erwähnten Beitrags von Maxime Rodinson in den ›Temps modernes‹.)

Die Linksintellektuellen waren der gleichen Prüfung ausgesetzt, für sie war diese noch schmerzlicher als für mich. »Zionismus gleich Kolonialismus«, »Israel, vorgeschobener Stützpunkt des Imperialismus« diese von den Kommunisten gebrauchten und mißbrauchten Formeln boten sich dem in einem bestimmten System eingeschlossenen Geist sozusagen von selbst an. Die von den Fortschrittlichen gelehrte Geschichtsphilosophie verweist Syrien auf die Seite des Guten, Israel, das seinen Lebensstandard amerikanischen Hilfsgeldern verdankt, dagegen auf die des Bösen. Die Führung in Damaskus bedient sich der gleichen Sprache wie Pariser Intellektuelle, um den Vietnamkrieg, Johnson, den

Kapitalismus zu verdammen. Die Regierung in Jerusalem gibt den Bürgern mehr Brot und Freiheit und sie versagt sich den Luxus ideologischer Reden. Vielleicht verurteilt auch sie innerlich den Vietnamkrieg (was keineswegs sicher ist), aber sie verkündet es nicht, ja flüstert es nicht einmal.

Ich gehe noch weiter. Wenn es »ein imperialistisches Lager« gibt, eine Gesamtheit von Ländern, die gemeinsam handeln, den gleichen Befehlen oder der gleichen Beeinflussung unterliegen, dann gehört Israel unbestreitbar diesem Lager an. Die Sicherheit des jüdischen Staats hängt von der VI. amerikanischen Flotte ab. Nicht daß sie in den Kampf gegen die Araber eingegriffen hätte, aber allein durch ihre Anwesenheit hat sie die Sowjetflotte neutralisiert, den Kriegsschauplatz begrenzt und jenen Zweikampf erlaubt, aus dem die jüdischen Soldaten als Sieger hervorgingen. Bedeutet der israelische Sieg einen weiteren Erfolg des »amerikanischen Imperialismus«? Ja und nein. Präsident Johnson wußte nicht, wie er die von seinem Vorgänger übernommene Verpflichtung einhalten sollte; er freute sich, daß Israel seiner Hilfe nicht bedurfte, um den Golf von Akaba wieder für die Schiffahrt zu öffnen. Die Krise gab ihm Gelegenheit, das russisch-amerikanische Einvernehmen — für die Lösung von Krisen vorgesehen, die den Weltfrieden gefährden — auf die Probe zu stellen. Doch bedeutet das nicht, daß er den Ausbruch der Feindseligkeiten bestimmt oder auch nur vorhergesehen hätte. Und die Bilanz enthält nicht nur Aktiva. Die Sowjetunion verfügt von nun an im östlichen Mittelmeer über Stellungen, die stärker sind als alle jene, auf die zaristische Regierungen einst vergeblich neidische Blicke warfen. Die sowjetische Seemacht ist zwar der VI. amerikanischen Flotte noch unterlegen, doch verstärkt sie sich zusehends. Es ist unmöglich zu leugnen: Im Pokerspiel der Weltdiplomatie ist Israel, wohl oder übel, eine amerikanische Karte, keineswegs ein Satellit der Vereinigten Staaten, aber vorübergehend sowohl dem amerikanischen Schutz als der sowjetischen Feindschaft ausgeliefert. Die arabischen Führer hassen Israel um so mehr, als sie sich der Sprache der Fortschrittlichen bedienen. Denn die Regierenden Jerusalems gleichen, trotz oder wegen der sozialistisch-revolutionären Tradition ihrer ersten Führer, den europäischen Demokraten und Sozialdemokraten, wenigstens im Hinblick auf die wirtschaftliche Organisation und den Stil der parteipolitischen Debatten. Mit ihnen findet ein europäischer Staatsmann sofort eine gemeinsame Sprache, während er oft große Mühe aufbringen muß, um die Vertreter arabischer Staaten zu verstehen und in ihren Ausführungen Rhetorik und Aktion, Traum und Wirklichkeit auseinanderzuhalten.

Endlich gelang es niemandem — es sei denn aus Fanatismus oder Verblendung —, sich ganz und gar für ein Lager zu entscheiden, nach Art der Linksintellektuellen universelle Grundsätze anzurufen und das Gute dem Bösen entgegenzusetzen. General Harkabi schreibt selbst in dem bereits erwähnten Heft von ›Temps modernes‹, die Juden hätten ihre nationale Sehnsucht nicht erfüllen können, ohne den Arabern Schaden zuzufügen. Beide Parteien verfügen über ausgezeichnet geordnete, mit einwandfreien Thesen ausgestattete Argumentationen. In arabischer Sicht stellt allein das Bestehen Israels eine Aggression dar, eine Ungerechtigkeit, eine Demütigung, so schmerzhaft wie am ersten Tage. Die Israelis haben die Erde fruchtbar gemacht, aus den arabischen Ländern vertriebene Juden aufgenommen, in die profane Wirklichkeit die Verheißungen einer Religion übertragen, an die viele nicht mehr glaubten und der dennoch alle geheimnisvoll verbunden blieben. Eine tragische Auseinandersetzung — und doch wollte sich niemand in die Rolle des unbeteiligten Zuschauers fügen.

Ist es jemals anders? Welche Kämpfe im Urwald, den kaltblütige Raubtiere durchstreifen, verdienen nicht die Bezeichnung »zweideutig«? Vor kurzem befragte mich ein israelischer Student über einen Abschnitt aus Simone de Beauvoirs Erinnerungen, in dem sie, wie es scheint, davon berichtet, daß ich die Haltung der britischen Regierung in der *Exodus*-Affäre gerechtfertigt hätte. Ich erinnere mich ebenfalls dieses Gesprächs. Eines Tages hatten Sartre und Simone de Beauvoir, im Café de Flore, ihrem gerechten Zorn gegen die Engländer freien Lauf gelassen. Ich bemerkte, daß diese keine leichte Aufgabe hätten zwischen Arabern und Juden, sie hatten den israelisch-arabischen Konflikt nicht geschaffen und versucht, ihn zu schlichten. Simone de Beauvoir und Sartre, immer auf der Suche nach einer einfachen Unterscheidung zwischen Engeln und Dämonen, sahen in ihrem hochherzigen Eifer nichts als die Grausamkeit (oder den Imperialismus) der Briten und die heilige Sache der Märtyrer. Ich meinerseits dachte — wer hätte es im Gedanken an die Zukunft nicht getan? — an den Ausbruch israelisch-arabischer Feindseligkeiten nach dem Abzug der Engländer, denen es nicht gelingen würde, den Frieden herzustellen und die berechtigten, doch unvereinbaren Forderungen beider Seiten zu versöhnen.

Entgegen der nicht sehr barmherzigen Bemerkung von J.-M. Domenach[1] haben die Linksintellektuellen jüdischen Ursprungs keineswegs ihren Universalismus mit einem israelischen Nationalismus vertauscht. Sie haben nur die gleiche Erfahrung wie Camus gemacht. In gewissen Verhältnissen versucht der Intellektuelle vergeblich, vermittels bloßer Reflexion, durch das Abwiegen des Für und Wider, die Gegenüberstellung verschiedener Thesen und den Bezug auf abstrakte Gerechtigkeitsformeln, zu einer Stellungnahme zu gelangen. Er schweigt oder gehorcht seinem Dämon. So handelten die Linksintellektuellen, Juden und Nichtjuden, im letzten Juni, entschlossen, nach dem Ende der Krise zu ihren Alltagsgewohnheiten zurückzukehren.

Haben Juden sich zahlreicher und leidenschaftlicher als Nichtjuden zur Verteidigung Israels bekannt? Ganz bestimmt. Sind

[1] Herausgeber der linkskatholischen Pariser Zeitschrift ›Esprit‹. Anmerk. d. Übers.

sie nun von neuem »verdächtig«? Mag sein. Aber sie werden
ihr Dasein als Verdächtige zu ertragen wissen.

Versuchen wir das Problem in Vernunftbegriffe zu fassen, sofern man überhaupt annehmen darf, die Vernunft werde jetzt
gehört. Daß die Mehrzahl der Juden für Israel eine besondere
Zuneigung empfindet, möchte ich nicht bestreiten, und ich würde
bedauern, wenn es anders wäre. Welcher Grad an Zuneigung
ist uns erlaubt, ohne auf Grund doppelter Staatsbindung dem
Bannstrahl ausgeliefert zu sein? Ich frage meine Mitbürger; ich
würde General de Gaulle die Frage stellen, willigte er noch zu
einem Gespräch ein.

Einem in der Wochenzeitung ›Nouveau Candide‹ veröffentlichten Brief, den »ein Franzose ohne Einschränkung und, in konfes-
sioneller Hinsicht, ein Israelit ohne Scham« geschrieben hat, ent-
nehme ich folgenden geschichtlichen Rückblick: »Zur Zeit der
Restauration haben liberale Franzosen, darunter der Absolvent
von Saint-Cyr Armand Carrel, auf carlistischer Seite den Kampf
gegen die französische Armee geführt. Während des griechischen
Unabhängigkeitskriegs haben Oberst Favier und mehrere seiner
Gefährten aus dem napoleonischen Kaiserreich an der Seite der
griechischen Aufständischen gekämpft. Während der polnischen
Erhebungen von 1830 und 1864 war die öffentliche Meinung
polenfreundlich im Gegensatz zur neutralen Haltung der Regierung . . . Unter dem Zweiten Kaiserreich dienten und kämpften französische Katholiken bei den päpstlichen Truppen. Am
Anfang der III. Republik stritten die französischen Katholiken,
inner- und außerhalb des Parlaments für die weltliche Macht
des Papstes . . . Man warf ihnen nicht vor, zuerst Katholiken
zu sein . . . Während des Spanischen Kriegs standen hunderte
Franzosen sowohl in den Reihen der Republikaner als der Franco-
Anhänger . . . Entschlösse sich morgen die vietnamesische Be-
freiungsfront, ausländische Freiwillige anzunehmen, dann gäbe
es unter ihnen zahlreiche Franzosen . . .«

Ich höre bereits den Einwand: »Das ist nicht dasselbe.« Gewiß gibt es nie zwei gleiche Fälle. Der Fall des jüdischen »Volkes« entspricht keinem anderen. Ich habe nichts gegen die Benutzung des Begriffs »jüdisches Volk«, da die Zionisten sich in diesem Punkt mit de Gaulle einig sind. Aber der Ausdruck »Volk« gewinnt, auf die Juden angewendet, eine eigenartige Bedeutung. Die Juden der Diaspora stammen nicht von den Einwohnern des biblischen Palästina ab, sie bilden eine Art Volk auf der Grundlage einer religiösen Überlieferung und eines durch die Jahrhunderte ertragenen Schicksals. Der dem Glauben und den Glaubensbräuchen abgewandte Jude kann sogar auf den Begriff »jüdisches Volk« verzichten.

Warum nehmen Sie ihn dann an?, erwidert mein Gesprächspartner, ein Franzose wie ich, doch nur mit Ironie solchen talmudischen Überlegungen folgend. In Wahrheit weiß ich es selber nicht mit Gewißheit. Wie lange ich auch darüber nachsinnen mag, ich finde keinen entscheidenden Grund, um einem französischen Juden seine vollständige Abkehr von den »Glaubensgenossen« (da er nicht mehr glaubt) oder von den Israelis (da er ausschließlich Franzose, Gaullist oder Kommunist) sein will, zum Vorwurf zu machen. Unter einer Bedingung freilich: Er darf die geistige Bequemlichkeit nicht soweit treiben, das in den Augen anderer Offenkundige zu leugnen. Auch er gehört jenem »selbstbewußten und herrschbegierigen Elitevolk« an.

Diese Trennung erreiche ich nicht und will sie nicht erreichen, ungeachtet meiner früheren Schriften. Ich verweigere niemandem, meine Beweggründe anders als ich zu deuten. Da mein Unglaube einer Art angehört — jener Spinozas —, die fromme Juden am wenigsten ertragen, und der religiösen Gefühlswelt von Christen und Buddhisten näher steht als meinen »Glaubensgenossen«, müßte ich mich vielleicht, ginge ich bis ans Ende meiner eigenen Logik, außerhalb jener Streitereien halten, die in subtilen Wortklaubereien beginnen und bisweilen im Blut enden.

Ich weigere mich, das zu tun. Als französischer Bürger beanspruche ich das allen Staatsbürgern zugebilligte Recht, die Bindung an den eigenen Staat mit der Freiheit des Glaubens oder der Gefühle zu vereinen. Den gläubigen Juden bedeutet Israel etwas ganz anderes als mir. Aber ich würde mich verachten, ließe ich sie allein eine Freiheit verteidigen, die ich leichter entbehren kann als sie.

»Sie liefern Ihren Gegnern Argumente. Wenn Sie, der Sie nie in den Tempel gehen und auf die Klagemauer den gleichen Blick werfen wie auf die Kirche des Heiligen Grabes, mit einer so schlecht beherrschten Leidenschaft auftreten, wie können Sie dann den Antisemiten die Schlußfolgerung untersagen, ein Jude sei zuerst jüdisch und erst dann französisch?« Vielleicht bin ich wirklich im Begriff, den Antisemiten Argumente zu liefern. Wer weiß? Unter manchen Voraussetzungen ist alles falsch, was man tut. Man verzeihe mir: dieser Einwand berührt mich nicht. Ein anderer könnte mit genausoviel Wahrscheinlichkeit behaupten, Schweigen gelte als Feigheit und eine erste Kapitulation ziehe alle anderen nach sich. Für mich ist eine einzige Frage von Belang: Wird man den französischen Juden, zuerst den gläubigen und danach den anderen, die Zuneigung, die die Mehrzahl für den israelischen Staat empfindet, zum Vorwurf machen? Wird man von ihnen — wie es einige Deuter des elysäischen Denkens empfehlen — nicht nur eine schon längst gefällte Entscheidung fordern, sondern eine *Totalentscheidung?* Kein Staat erlaubt eine doppelte Staatsbindung, obwohl die französische Gesetzgebung es zahlreichen Juden ermöglicht hat, Israelis zu werden, ohne die französische Staatsbürgerschaft zu verlieren. Doch allein der totalitäre Staat erlegt eine einzige, jede andere Beziehung ausschließende Bindung auf. Die Juden der Sowjetunion wissen seit Jahren, die Juden Polens können es seit dem Juni 1967 nicht mehr übersehen, daß sie als solche niemals von einer Theokratie oder Ideokratie angenommen werden.

Die V. Republik wird weder theokratisch noch ideokratisch aus-
arten; aber das gallikanische oder jakobinische Frankreich schei-
det, mit oder ohne Absicht, religiöse Dissidenzen, Sprach- und
Kultureigenheiten aus. Die Bretonen lernen in der Schule sowenig das Keltische wie die Basken ihre Muttersprache. Die französische Schule beraubt die Juden mit erstaunlicher Wirksamkeit ihrer Eigenart. Aber sie läßt die Mannigfaltigkeit der politischen Ansichten bestehen, die, geschichtlich betrachtet, eine
Antwort auf das stets wiederholte und stets ergebnislose Bemühen um die Herstellung geistiger Einheit zu sein scheint. Ich
kenne kaum Juden, die dem Staate Israel so bedingungslos ergeben wären, wie es die Kommunisten gegenüber der Sowjetunion
sind (oder waren). Ihre Sympathie für einen kleinen bedrohten
Staat beeinträchtigt keineswegs die Sicherheit Frankreichs. Sie
hindert die französische Regierung nicht, Verträge mit dem Irak
abzuschließen, um den angelsächsischen Erdölgesellschaften
einen Streich zu spielen, — was übrigens den gängigen Spielregeln genau entspricht. Sie würde sogar nicht ausreichen, den
immer latenten Antisemitismus wiederzubeleben, hätte de Gaulle
ihn nicht mit einem halben Dutzend inhaltsschwerer Wörter
feierlich rehabilitiert.

Warum hat er es getan? Um das Vergnügen des Skandals zu ge-
nießen? Um die Israelis für ihren Ungehorsam und die Juden
für ihren gelegentlichen Antigaullismus zu bestrafen? Um feierlich jede Versuchung einer doppelten Staatsbindung zu verbieten? Um den arabischen Ländern einige *Mirage* mehr zu ver-
kaufen? Wollte er mit seinen Angriffen gegen die Juden die
Vereinigten Staaten treffen? Wollte er den bedingungslosen Gehorsam mancher Getreuen, die unter Charles de Gaulle gelitten
haben, einer Prüfung unterwerfen? Handelt er als Abkömmling
Ludwig XIV., der keine Protestanten duldete? Als Erbe der Ja-
kobiner, die so sehr die Freiheit liebten, daß sie den Bürgern jede
andere Regung untersagten? Mir ist es nicht bekannt. Ich weiß

nur, daß jeder Nationalismus, über einen gewissen Grad hinaus
getrieben, letztlich manchen Juden (zu denen ich nicht gehöre,
aber die ich nicht im Stich lassen will) die Alternative der Ver-
weigerung oder der Verleugnung auferlegt.

Wird der gaullistische Nationalismus die Schwelle überschrei-
ten? Ist die Pressekonferenz das gemilderte Gegenstück zur Säu-
berung, die Gomulka in Polen zur Bestrafung der Zögernden
durchführte? Vielleicht wird die nahe Zukunft uns darauf eine
Antwort geben.

Die Juniereignisse versinken in der Vergangenheit. Der Sechstage-Krieg gehört der Geschichte an. Die Araber erwecken
heute, im Übermaß ihres Unglücks und ihrer Demütigung, unser
Mitleid. Diese ausführlichen Betrachtungen, die niemanden vollständig befriedigen werden, verfolgen nicht das Ziel, die Leidenschaften vom Frühjahr wieder anzufachen. Wie jeder mit-
fühlende Mensch möchte ich einen Beitrag zum Frieden leisten.
Den Gedanken an ein israelisches Protektorat über Westjordani-
en finde ich verabscheuungswürdig, und ich bin, wie viele
Israelis, von der Weisheit der vom Jerusalemer Kabinett seit dem
12. Juni geführten Politik nicht überzeugt. Aber ich glaube, daß
mir das Recht der Entscheidung solange nicht zusteht, wie — auch
nach Präsident Nassers Auffassung — der Krieg weitergeht. Die
bittere Lehre, die die Israelis zum Schluß aus der letzten Krise
gezogen haben, heißt: in der Stunde der Gefahr können sie nur
auf sich selber zählen.

Frankreichs Anschluß an das arabische Lager, die Ermunterung
der syrischen Extremisten durch de Gaulle, die Gleichgültigkeit,
ja sogar Sympathie der französischen Diplomatie angesichts des
sowjetischen Eindringens ins östliche und darauf auch westliche
Mittelmeer begünstigen weder die Aufrechterhaltung des Kräfte-
gleichgewichtes noch eine zunehmende Entspannung. Nach ihrer
offenkundigen Logik zieht die französische Diplomatie gegen-

wärtig die sowjetische Hegemonie der amerikanischen vor, zumindest baut sie auf die sowjetische Macht, um den amerikanischen Einfluß zurückzudrängen. Dies vielleicht einige materielle Vorteile für Frankreich einbringende Spiel vertagt die Aussichten einer friedlichen Lösung. Es bindet Israel noch enger an die Vereinigten Staaten, welche jene modernen Flugzeuge hergeben sollen, die in Frankreich zwar gekauft und bezahlt wurden, deren Lieferung der General jedoch vorenthält.

Nichts und niemand kann den Präsidenten der Republik hindern, auf diesem Weg immer weiter vorzustoßen. Kommunisten, aus antiimperialistischer Überzeugung, und Gaullisten, auf dem Boden des Nationalismus, werden gemeinsam handeln. Der Kreis des Argwohns wird sich um jene Menschen schließen, die man für die Zurückhaltung der Öffentlichkeit verantwortlich macht.

Ein Alpdruck nur oder nahe Zukunft: ich weiß es nicht. Vielleicht werden andere Worte die fatalen Thesen auslöschen, vielleicht werden diese Thesen einen endgültigen, gebieterischen Sinn annehmen. Jetzt gilt es, weder zu fürchten noch zu hoffen, aber seine Ansicht ohne Dünkel und falsche Demut darzulegen. In solcher Situation neigen die Juden, wie alle heterogenen, nur durch äußeren Druck geeinten Minderheiten, zu internen Auseinandersetzungen. Sie müssen die unvermeidliche Vielfalt ihrer leidenschaftlichen Stellungnahmen hinnehmen und gemeinsam die Rechte freier Bürger eines freien Landes in Anspruch nehmen: nicht mehr, nicht weniger.

Ein letztes Wort. Manche meinten, dieser oder jener Protest gegen die Pressekonferenz sei durch Antigaullismus hervorgerufen. Als ob man René Cassin oder François Jacob des Antigaullismus verdächtigen könnte! Wer anderen eine solche Niedrigkeit unterschiebt, muß selber eine niedrige Seele haben. General de Gaulle hat seinen Platz in der französischen Geschichte. Jeder Franzose, sei er Gaullist oder Antigaullist, Jude oder Nichtjude,

wünscht mit ganzer Kraft, daß das Alter für den Mann des
18. Juni[1] keinen Schiffbruch bringen möge.

Nicht wenige Juden in Frankreich und anderen Ländern haben
nach der Pressekonferenz Tränen vergossen, nicht aus Angst vor
Verfolgungen, sondern weil sie ihren Helden verloren hatten.
Nicht wenige hoffen, wiederzufinden, was sie verloren.

Was ausgesprochen wurde, kann nicht mehr als unausgesprochen
gelten, aber der Kommentar oder das Schweigen von morgen
werden den endgültigen Sinn der Worte bestimmen, die einen
Aspekt der letzten Phase des Gaullismus bilden.

28. Dezember 1967

---

[1] Am 18. Juni 1940 richtete de Gaulle von London aus seinen Aufruf an die
Franzosen zur Fortsetzung des Kriegs gegen Deutschland. Anm. d. Übers.

ZWEITER TEIL

WÄHREND DER KRISE

Waffenlärm im Nahen Osten[1]

Der Rückzug der UN-Soldaten in der Stunde wachsender Gefahr im Nahen Osten besitzt den Wert eines Symbols. Die Truppe der Vereinten Nationen trennt die feindlichen Parteien, solange diese getrennt sein wollen. Sie ist unfähig, den Frieden herzustellen, da sie über die notwendigen materiellen Mittel nicht verfügt. Diese Mittel fehlen ihr, weil alle Staaten, seien sie groß oder klein, nichts als die Politik ihrer Interessen verfolgen. Sind die Mächte häufig darin einig, die Ausdehnung von Konflikten zu verhindern, so sind sie es fast nie bei der Lösung der Probleme.

Ob es sich um die Rivalität zwischen konservativen und revolutionären arabischen Staaten oder um die Koexistenz Israels und der arabischen Länder handelt: diese Probleme bleiben vorerst unlösbar. Der Frieden kann mit den Mitteln der Diplomatie nicht hergestellt werden, — was nicht besagt, daß militärische Operationen bevorstünden oder unvermeidlich seien.

Trotz der Unruhe, die der Waffenlärm in den Kanzleien hervorruft, sind die Fachleute relativ optimistisch in der Annahme, die Ereignisse würden der Kontrolle der Hauptbeteiligten nicht entgleiten. Wie könnte Nasser einen zweiten Sinaifeldzug erwägen, solange ein wichtiger Teil seiner Streitkräfte in Jemen gebunden

[1] Verfaßt am 21., veröffentlicht am 23. Mai 1967 im ›Figaro‹, vor der Ankündigung der Schließung des Golfs von Akaba durch Nasser.

ist? Mit seinen eigenen Kräften vermag Syrien der israelischen Armee nicht standzuhalten. Obwohl die syrischen Regierenden von zahlreichen Beobachtern für unverantwortlich gehalten werden, verkennen sie nicht, daß das gegenwärtig schwache Ägypten vor der Austragung eines neuen Waffengangs mit Israel günstige Umstände abwarten muß. Nasser sieht in Israel den absoluten und ständigen Feind, aber auf kurze Sicht sind die jemenitischen Königstreuen, die Gemäßigten von Aden oder Südarabien die eigentlichen Gegner, die es zu beseitigen oder niederzuschlagen gilt, um den Weg für die Erreichung des Fernziels freizulegen. Die am meisten wahrscheinliche, allgemein angenommene Deutung der jetzigen Krise gründet sich auf diese Analyse, auf die bekannten oder vermuteten Absichten der Staatsmänner. Da weder Jerusalem noch Kairo den Krieg will, dürfte er logischerweise nicht stattfinden. Warum sollte die Sowjetregierung, welche Ziele man ihr auch unterstellt, militärische Operationen in Gang setzen, die nicht zum Vorteil ihrer Schützlinge ausgehen würden?

Diese Vorhersage besitzt größte Wahrscheinlichkeit. Leider müssen auch andere, weniger vorhersehbare Elemente berücksichtigt werden. Seit mehreren Jahren hat die israelische Regierung die Doktrin »begrenzter Gegenmaßnahmen« angewandt. Im Falle von Anschlägen oder Sabotageakten von seiten arabischer Terroristen »bestrafen« Einheiten des stehenden Heeres das für verantwortlich gehaltene Land. Die letzte gegen ein jordanisches Dorf durchgeführte Strafaktion löste in Israel selbst heftige Debatten aus, weil man dort genau weiß, wie sehr König Hussein gegen die von Syrien entsandten, aber über die jordanisch-israelische Grenze einsickernden Terroristengruppen ist. Die unmittelbare Gefahr wird durch die zweifache Drohung arabischer Guerillas und israelischer Gegenschläge geschaffen. Denn der Beweis ist nicht erbracht, daß weder die Regierung in Kairo noch die in Damaskus imstande sei, selbst wenn sie den festen

Entschluß dazu hätte, die terroristische Tätigkeit vollständig zu unterbinden. Nassers letzte Beschlüsse verfolgen offensichtlich zwei Ziele: Israel künftig von der Anwendung seiner Doktrin der Gegenschläge abzuschrecken und die konservativen arabischen Regierungen zur Solidarität mit den revolutionären Regierungen zu veranlassen, da Israel — der gemeinsamen Ideologie aller zufolge — der einzige wahre Feind sei.

Der Abzug der UN-Soldaten zwingt, eine andere, noch ernstere Möglichkeit in Betracht zu ziehen. Seit dem Sinaifeldzug im Jahre 1956 ist der Hafen von Elat für die Schiffahrt geöffnet. Diese Maßnahme stellt den wichtigsten Vorteil der, den Israel seinen militärischen Erfolgen zu verdanken hat. Während der letzten elf Jahre war die an einem strategisch wichtigen Punkt stehende Truppe der Vereinten Nationen eine Art Symbol für die ägyptische Billigung der freien Schiffahrt im Golf von Akaba. Die Rückkehr ägyptischer Soldaten an diese Stelle bedeutet noch keine Veränderung der Politik Kairos, aber zumindest die Drohung einer Veränderung.

Gewiß hat das israelische Kabinett mitteilen lassen, eine solche Maßnahme käme dem *casus belli* gleich. Aber auch in diesem Falle erlaubt der Austausch von Drohungen und Gegendrohungen, von Abschreckung und Gegenabschreckung kaum eine Vorausschau der Ereignisse. Der örtlich stärksten Partei wird es nicht notwendigerweise gelingen, die andere abzuschrecken. Viel hängt nicht zuletzt von der Hilfe ab, die jede von den Großmächten erhofft. Es ist unbestreitbar, daß die sowjetische Diplomatie während der letzten Monate im ganzen Raum zwischen dem Roten Meer und Casablanca sowohl in Worten als in Taten immer spürbarer geworden ist.

In Worten hat sie die Sache Syriens und der Revolution gegen den westlichen Imperialismus und seine »israelischen Komplicen« unterstützt. Die für »fortschrittlich« gehaltenen arabischen Länder, Syrien ebenso wie Ägypten, haben verhältnismäßig beträchtliche Waffenmengen erhalten. Tunesien und Marokko befürchten immer mehr einen Rüstungswettlauf, dessen Schauplatz sich vom Nahen Osten nach Nordafrika ausdehnen würde.

Auch hier wäre der Schluß falsch, Moskaus Politik verfolge als Ziel den Ausbruch von Feindseligkeiten, deren Opfer die nichtrevolutionären arabischen Länder wären. Im Augenblick beschränkt sich diese Politik darauf, die mit den Vereinigten Staaten und Großbritannien überworfenen Länder zu unterstützen und auf vielfältige Art das Engagement der UdSSR im Mittelmeer zu bekunden. Die Sowjetflotte verfügt dort nunmehr über Stützpunkte, in denen sie gern empfangen wird. Die sowjetrussische Anwesenheit macht die ohnehin komplexe Lage noch schwieriger. Tatsächlich weiß man nicht, ob Moskau israelische Gegenschläge oder militärische Erfolge 1967 im gleichen Maße tolerieren würde, wie es das 1956 tat. Die Beschlüsse in Damaskus und Kairo werden weitgehend von den Absichten und Plänen bestimmt, die Syrer und Ägypter der Moskauer Regierung unterstellen.

Selbst wenn man annimmt, in der gegenwärtigen Situation sei niemand darauf aus, eine umfassende Krise heraufzubeschwören, bleibt die Ungewißheit dennoch aus zwei entscheidenden Gründen bestehen. Einerseits gebieten die arabischen Regierungen nicht unumschränkt über die Aktivität terroristischer Gruppen. Andererseits wäre die Dialektik gegenseitiger Einschüchterung weniger unvorhersehbar, wenn die zwischen den Großmächten bestehende Rivalität die Logik des örtlichen Kräfteverhältnisses nicht auf den Kopf zu stellen drohte.

Russisch-Amerikanische Auseinandersetzung[1]

Nichts drückt deutlicher die Plötzlichkeit des Ausbruchs der Nahostkrise aus als der Hinweis auf die Erklärung, die der Generalsekretär des Quai d'Orsay, Hervé Alphand, am 12. Mai in Kairo abgab: »Die Gemeinsamkeit Frankreichs und der Vereinigten Arabischen Republik beruht auf der gleichen Art und Weise, die Unabhängigkeit der Völker, die Nichteinmischung in innere Angelegenheiten anderer Staaten und ihre uneigennützige Zusammenarbeit zu verstehen.«[2]

Noch vor einer Woche schickte sich der Generalsekretär des israelischen Außenministeriums zu einer Reise an, ohne den bevorstehenden Sturm zu ahnen. Die Schlußfolgerung ergibt sich von selbst: Die gegenwärtige Krise ist die Folge kaltblütiger Berechnung, nicht eines Zufalls. Der Augenblick wurde wahrscheinlich im voraus bestimmt. Präsident Nasser faßte den Entschluß, aber es fällt schwer, dahinter nicht Moskaus Zustimmung zu vermuten. Die sowjetischen Waffenlieferungen an die arabischen Länder, die während der letzten Monate zunahmen und im ›Figaro‹ von General Béthouart kommentiert wurden, kündigten das von

---

[1] Verfaßt am 25., veröffentlicht am 26. Mai, nach der Bekanntgabe der Schließung des Golfs von Akaba durch Nasser.

[2] Hervé Alphand hat mir mitgeteilt, daß diese Erklärung ungenau wiedergegeben wurde.

britischen Beobachtern befürchtete Gewitter an. Freunde berichteten mir darüber ausführlich letzten Monat in London.

Über die Absichten der sowjetischen Diplomatie vermögen wir nur Spekulationen anzustellen. Aber es ist verlockend, die nahöstlichen Vorgänge mit denen Südostasiens zu verknüpfen. Die Führung der UdSSR, außerstande, aktiv in Vietnam einzugreifen, ist aller Wahrscheinlichkeit nach der Ansicht, daß die Fortsetzung der amerikanischen Luftangriffe gegen Nordvietnam die ungeschriebenen Gesetze der »friedlichen Koexistenz« verletzt. Da die Männer im Kreml gezwungen sind, den »amerikanischen Angriff« gegen einen kommunistischen Staat zu dulden und sich dabei auf Waffenlieferungen zu beschränken, glauben sie sich berechtigt, ihre Kraft und ihren Einfluß auf einem günstigeren Schauplatz unter Beweis zu stellen. Das Mittelmeer ist kein amerikanischer Binnensee, und die am schärfsten antiwestlich eingestellten arabischen Länder haben, auch ohne kommunistisch zu sein, mit der Sowjetunion gemeinsame Interessen.

Gleichzeitig werden die Grenzen dessen sichtbar, was man gern als russisch-amerikanische Annäherung bezeichnet. Vielleicht hätte sie sich ohne Vietnamkrieg bestätigt, doch im Augenblick reicht sie nicht über den entschlossenen Willen hinaus, den großen Krieg zu vermeiden. In dieser Hinsicht haben sich die amerikanischen Denker als ausgezeichnete Lehrmeister erwiesen. Tatsächlich gelang es ihnen, die sowjetische Führung zu überzeugen, daß die Anwendung nuklearer Waffen eine Katastrophe für alle und folglich ein Wahnsinn wäre. Aber diese Lehre ist nicht ganz ungefährlich, selbst wenn sie das Schlimmste verhindert. Zwar fürchten die Staatschefs den großen Krieg, aber sie finden sich damit ab, kleine Kriege auszutragen. Vielleicht besteht das neue Element in eben dieser Sicherheit. Da der Nuklearkrieg »unmöglich« ist, werden alle anderen Kriegsformen wieder möglich. Die theoretisch erarbeitete Dialektik — Sicherheit im nuklearen Raum bedingt Unsicherheit im Bereich der klassischen Waffen — wurde leider experimental bestätigt.

Niemand vermag jetzt zu sagen, wieweit Nasser und die sowjetische Führung zu gehen bereit sind. Daß diese jenem manche Zusicherung gegeben hat, erscheint kaum zweifelhaft. Aber vielleicht hat der ägyptische Staatschef Gromykos Worte auf eine Art gedeutet, die der sowjetische Außenminister selber nicht gebilligt hätte. Im übrigen entgleitet den Großen das Spiel, sobald sie den Kleinen Hilfe versprochen und ihr eigenes Ansehen eingesetzt haben. Die zweitrangigen Mitwirkenden, mögen sie nun in Hanoi oder Kairo sitzen, können die Hauptakteure in Abenteuer hineinziehen.

In der gegenwärtigen Lage laufen Kommentare Gefahr, vor ihrer Veröffentlichung vom Ereignis überholt zu werden. Am Morgen des 25. Mai hat das Pokerspiel noch diplomatischen Charakter. Israel wird die Sperrung des Golfs von Akaba nicht dulden, und in diesem Punkt wird es von den Vereinigten Staaten uneingeschränkt unterstützt. De Gaulle hat daraufhin keine Erklärung abgegeben, da er sich anscheinend eine Vermittlerrolle vorbehält.

Aber es bedarf eines kräftigen Optimismus, um zu glauben, Verhandlungen zwischen Botschaftern oder Ministern könnten zu einem Ausweg führen. Nasser wird die Verminung des Golfs nicht ohne Zugeständnisse rückgängig machen. Desgleichen wird Moskau nicht ohne Gegengabe einen Druck auf ihn ausüben wollen. Kurzum, eine Lösung bedingt entweder eine militärische Auseinandersetzung zwischen Israel und den arabischen Ländern oder eine strategisch-diplomatische Auseinandersetzung zwischen der Sowjetunion und den Vereinigten Staaten. Erstere kündigt sich im Aufmarsch der feindlichen Heere an, letztere steckt noch in der Phase verbaler Demonstration.

Vor 1914 hätten Diplomaten kaum noch an eine friedliche Lösung geglaubt. Seit zwanzig Jahren haben sie sich daran gewöhnt, gefährlich zu leben, Krisen als Kriegsersatz zu betrachten und der (relativen) Weisheit der beiden Weltmächte zu vertrauen.

Trotz allem gibt es noch Gründe für solchen doppelsinnigen Optimismus.

Die Stunde der Entscheidung[1]

Präsident Nasser hat sich des Vorteils der Initiative versichert. Durch die Rückberufung der UN-Soldaten und die Sperrung der Meerenge von Akaba forderte er sowohl die Vereinigten Staaten heraus, die sich feierlich zur Ablehnung einer Blockade Elats verpflichtet hatten, als auch Israel, das eine solche Blockade als *casus belli* erklärt hatte. Er schob dem Feind — Israel und seinen Schutzmächten — die Verantwortung für mögliche Feindseligkeiten zu. Da er sich des eigentlichen Streitobjekts bereits bemächtigte, zwang er die anderen zu militärischen Offensivaktionen, obwohl diese politisch nichts als eine Replik darstellten. Ist derjenige ein Angreifer, der den ersten Kanonenschuß abgibt, dann verdammt der ägyptische Schachzug, begünstigt durch die offenbare Ungeschicklichkeit des UN-Generalsekretärs, Israel zur Rolle des Angreifers. Nach dem ersten Akt hängt der Verlauf des Dramas vor allem von zwei Akteuren ab: den Vereinigten Staaten und Israel. Tatsächlich sind die Regierungen der arabischen Staaten gezwungen — ungeachtet ihrer tieferen Überzeugung —, gegen den absoluten Feind Israel, dem die Daseinsberechtigung verwehrt wird, gemeinsam Stellung zu beziehen. Nur in einer späteren Phase könnten mögliche Zerwürfnisse zwi-

[1] Verfaßt am 28., veröffentlicht am 29. Mai im ›Figaro‹.

schen dem traditionellen und fortschrittlichen Teil des Araber-
tums zu Tage treten.

Frankreich — seit dem Ende des Algerienkriegs kein Verbündeter Israels mehr — ist fest entschlossen, keine Partei zu ergreifen.
Gleichzeitig verschleiert es seine Handlungsunfähigkeit mit dem
Plan eines »Zusammenspiels« zwischen den vier Großmächten.
Diese übliche, der Philosophie de Gaulles am besten entspre-
chende Formel ist selbstverständlich unanfechtbar, wobei man
allerdings berücksichtigen muß, daß sie eine von der heutigen
grundlegend verschiedene Welt voraussetzt: die Welt vor 1914,
in der es den Großmächten bisweilen gelang — ohne deswegen
ihre Rivalität zu beenden —, eine Verständigung zur friedlichen
Beilegung eines zweitrangigen Konflikts herbeizuführen.

Es gibt kein Zusammenspiel im Weltmaßstabe wie einst in Europa. Die Sowjetunion und die Vereinigten Staaten haben gewisse gemeinsame Interessen, kaum aber im Nahen Osten, abgesehen von der gemeinsamen Sorge, nicht durch die Leidenschaften Dritter in Abenteuer hineingerissen zu werden. Man
müßte sehr unwissend oder naiv sein, um zu glauben, die Sowjetunion würde, nachdem sie seit Monaten Hunderte von Pan-
zern in den Vorderen Orient gesandt hatte, auf Nasser im Sinne
Washingtons einen Druck ausüben. Es bedarf keines Hinweises,
daß sich de Gaulle nicht der geringsten Selbsttäuschung hingab,
aber da er neutral zu bleiben beschlossen hatte, ließ er den Ereignissen ihren Lauf. Je nach den Erfordernissen ist Diplomatie
entweder Aktion oder Verschleierung der Nicht-Aktion.

Die Vereinigten Staaten und nebenher auch Großbritannien
zögerten, so scheint es, zwischen zwei politischen Haltungen.
Natürlich erinnerten beide Mächte sowohl an ihre gegenüber
Israel eingegangenen Verpflichtungen als auch an den Grundsatz der freien Schiffahrt im Golf von Akaba. In solcher Situation
bedeuten diese Worte nichts, oder genauer: sie können zwei
grundsätzlich verschiedene Bedeutungen erhalten. Entweder kün-

digen sie die Anwendung von Waffengewalt an oder die vorübergehende Duldung des *fait accompli* mit dem unbestimmten
Versprechen, auf dem Wege von Verhandlungen zu erreichen,
was man durch Waffengewalt zu erobern sich weigert. Albert
Sarraut erklärte 1936 im Namen Frankreichs, nicht dulden zu
wollen, daß Straßburg »unter dem Feuer deutscher Kanonen
liege«, — was in diesem Falle heißen sollte, daß französische
Streitkräfte nicht ins Rheinland einzögen. Die erste Erklärung
Präsident Johnsons enthält die gleiche Zweideutigkeit. Die Lan-
dung von dreitausend amerikanischen und englischen Marine-
infanteristen in Scharm el-Scheik, mit der Aufgabe der vorübergehenden Ablösung der UN-Soldaten, hätte die Krise entschärft.
Die amerikanische Verbindung von entschlossenen Erklärungen
und Untätigkeit schob die entscheidende Verantwortung Israel
zu.

Niemals seit 1948 befand sich die israelische Regierung in einer
so tragischen Lage, niemals war sie gezwungen, eine so folgen-
schwere, mit »Schweiß, Blut und Tränen« beladene Entscheidung
zu treffen. Sie ist außerstande, ihre Armee — ein Zehntel der
Gesamtbevölkerung — während Wochen oder auch nur vielen
Tagen einsatzbereit zu halten. Die Sowjetunion, Ägypten, Frankreich verfolgen das Ziel, Israel zur Annahme der zeitweiligen
Schließung des Golfs von Akaba und der Einleitung diplomatischer Verhandlungen zu bewegen.

Aber warum sollte sich Nasser nach einem diplomatischen Erfolg
zu Zugeständnissen bereit finden? Warum würde Kossygin Johnson helfen, seine Versprechen zu halten? Auf jeden Fall gewann
die sowjetische Diplomatie einen Vorteil, indem sie die arabische Feindschaft gegenüber den Vereinigten Staaten vertiefte.
Zeigt sich gleichzeitig die amerikanische Schutzmacht Israels zu
einem solchen Schutz unfähig, dann ist der Gewinn ein doppelter.

Jetzt steht die kleine Schar der Männer, die für zweieinhalb Millionen Juden verantwortlich sind und den Staat Israel erbaut haben, einsam ihrem Schicksal und ihrem Gewissen gegenüber. Nasser läßt die Drohung der Ausrottung wieder anklingen. Auf dem Spiel steht nicht mehr der Golf von Akaba, sondern die Existenz des Staats Israel, den alle arabischen Länder als früher oder später zu beseitigenden Fremdkörper bezeichnen und dessen Bürger geschworen haben, ihn bis zu ihrem Tode zu verteidigen. Die Eröffnung von militärischen Operationen gegen die Koalition der arabischen Mächte wäre heute keine Wiederholung des Sinaifeldzugs. Diesmal würden ägyptische Bomber nicht von französischen und englischen Flugzeugen am Boden zerstört werden. Vielleicht würden sogar die von der Sowjetunion an Ägypten gelieferten Mittelstreckenraketen Jerusalem und Tel Aviv in den ersten Stunden des Konflikts treffen. Aber selbst siegreich verlaufende Kämpfe lösten nichts und gäben nur einen Aufschub wie den vor elf Jahren. Andererseits müßte die Kapitulation in naher Zukunft eine neue Auseinandersetzung unter vielleicht noch ungünstigeren Vorzeichen einleiten.

Wer die Lenker der israelischen Geschicke kennt, ahnt das wahrscheinliche Ergebnis ihrer Überlegungen.

Angesichts der Tragödie[1]

Ob Gläubiger oder Ungläubiger, ob Zionist oder Antizionist,
kein Jude vermag objektiv zu sein, wenn es um das Schicksal
Israels und der zweieinhalb Millionen Juden geht, die einen
Staat auf jener Erde erbauten, die den Gläubigen dreier großer
Religionen heilig ist.

Ich bin, was man einen »assimilierten Juden« nennt. Als Kind
weinte ich über das Unglück Frankreichs in Waterloo oder Sedan
und nicht, als man mir von der Zerstörung des Tempels erzählte.
Keine andere Fahne als die Trikolore, keine andere Hymne als
die *Marseillaise* wird je meine Augen mit Tränen netzen. Er, Hitler, hat mir – vor fast vierzig Jahren – mein »Judentum« offen-
bart. Ich habe mich bemüht, es auf mich zu nehmen, anders ausgedrückt: es niemals zu verbergen. Jude sein ist in meinen Augen
weder entehrend noch ruhmvoll, ich bin darüber weder beschämt
noch stolz, ich habe noch nicht einmal ein Recht, jedenfalls nicht
mehr als jeder empfindende Mensch, die Menschheit in Anklage-
zustand zu versetzen, denn ich bin dem großen Gemetzel ent-
ronnen.

Seit Hitler habe ich gewußt, daß Frankreichs Interesse nicht immer und notwendigerweise mit dem der Juden und Israelis

---

[1] Veröffentlicht im ›Figaro Littéraire‹.

übereinstimmen würde. Als französischer Bürger fühlte ich mich zu einem unendlich kleinen, fünfundvierzigmillionsten Teil für das französische Schicksal verantwortlich. In einer jüdischen Familie geboren, durfte ich die Zugehörigkeit zu einer entfernten und lange Zeit fast abstrakten Gemeinschaft so lange nicht verleugnen, als Grausamkeit oder Leidenschaften sie Verfolgungen aussetzten.

Die Zeit von 1931 bis 1933 habe ich in Deutschland verbracht. Über das Los, das Frankreich erwartete, hatte ich kaum Illusionen, aber ich zögerte zu sprechen. Nur allzu häufig begegneten mir Freunde, die unberührt von jeglichem Antisemitismus waren, mit schlecht verhohlenem Mißtrauen, wenn ich ihnen die Zukunft ankündigte, die sie wie mich erwartete. Ich schwieg also lieber. Eine geschichtsphilosophische Dissertation beanspruchte ohnehin meine ganze Zeit. Da Hitler zum Kriege schritt, mußte ich sie so schnell wie möglich beenden; ich promovierte im März 1938, zwei Tage nach dem Einzug der deutschen Truppen in Österreich.

Nach dem Ende des Kriegs war die Situation umgekehrt. Ohne verdächtigt zu werden, konnte ich sogleich die Feder für die Verständigung mit Deutschland ergreifen, während die Entrüstung, die so gedämpft daher gekommen war, als sie noch etwas hätte ausrichten können – sich allenthalben breitmachte. (Welcher Schriftsteller wird sich eines Tages des Falles Roosevelt oder des Falles Churchill annehmen, die beide, ebenso wie Pius XII. hätten sprechen können und deren Wort, mehr noch als das des Papstes, vielleicht Millionen Menschenleben zu retten vermocht hätte?)

Seit zwanzig Jahren, da die Wechselfälle des Lebens mich zum Mitarbeiter dieser Zeitschrift werden ließen, habe ich keinen Widerspruch zwischen meiner Verantwortung als Franzose und meinen moralischen Verpflichtungen als Jude gekannt. Antisemitismus, wenn auch nicht der Theorie, sondern der Praxis nach, gab es jenseits des Eisernen Vorhangs. Dem französischen Interesse war in meinen Augen durch den Aufbau eines geeinten Europa, durch den Atlantikpakt gedient. Das Ende des Kolonialismus trennte die Franzosen in zwei Lager, aber die Juden teilten in dieser Hinsicht das Los ihrer Mitbürger.

Nicht als Jude nahm ich Stellung für die algerische Unabhängigkeit. In ihrer konkreten Verwirklichung brachte sie beträchtliche Ungerechtigkeiten mit sich, die auch die nordafrikanischen Juden nicht verschonten, sondern sie mehr als andere betrafen. Zu Recht oder Unrecht war ich der Ansicht, das geringstmögliche Maß an Ungerechtigkeit stimme mit dem Interesse Frankreichs überein. Pierre Brisson warf mir 1956 meine Ablehnung der Suezexpedition vor. Ich antwortete, als französischer Bürger scheine mir der Kriegszustand mit der arabischen Welt sowenig dem französischen Interesse zu entsprechen wie die Beteiligung an der letzten Schlacht des französischen Imperiums dem israelischen.

Das Bündnis zwischen Frankreich und Israel — so schrieb ich vor einigen Jahren, zum Entsetzen vieler Leser, im ›Figaro Littéraire‹ — war nicht für tausend Jahre geschaffen. Nach der Unabhängigkeit Algeriens knüpfte de Gaulle — jeder andere Staatschef und jede andere Regierung hätten an seiner Stelle genauso gehandelt — die Beziehungen mit allen Ländern des Nahen Ostens wieder an und versuchte, Frankreich den geistigen, moralischen, wirtschaftlichen Einfluß wiederzugeben, den es in jenem Raum stets besessen hatte. Als die Krise vor einigen Tagen ausbrach, machte er keinen Versuch, zwischen den sich gegenüberstehenden Parteien zu wählen. Rundfunk und Fernsehen unterstützten voller Heuchelei, unter Berufung auf die Neutralität, die ägyptischen Thesen. Gaullisten waren enttäuscht, Juden entrüstet, gaullistische Juden erschüttert. Sie sind alle im Unrecht. Wir sind berechtigt, die Gesamtheit der gaullistischen Außenpolitik entweder als vorteilhaft oder schädlich für das wirkliche Interesse des Landes zu beurteilen. Aber wenn Frankreich — einer berühmten Formel zufolge — weder Freunde noch Feinde, sondern nur Interessen besitzt: auf welches Recht soll man sich dann bei dieser Gelegenheit berufen?

Hunderte Millionen Mohammedaner sind über die ganze Welt verbreitet, es gibt viele Millionen Araber, aber nur zweieinhalb Millionen Israelis. Zweifellos entbehrt Frankreich im Vorderen Orient jedes Aktionsmittels. Durch die Entscheidung zugunsten der Atomwaffen auf Kosten klassischer Rüstung hat es sich in der Tat für eine Neutralitätspolitik entschieden, oder anders ausgedrückt für eine Politik guter Beziehungen zu allen Staaten. Die Neutralität bekundet sich in antiamerikanischen Äußerungen, nicht etwa, wie es gedankenlos heißt, weil de Gaulle den Amerikanern nie verziehen hat, ihn vor zwanzig Jahren geschmäht zu haben, sondern weil er von ihnen unentgeltlich alles erhält, was er verlangt. Es steht nicht in der Macht der Vereinigten Staaten, Frankreich die Anwesenheit der amerikanischen Armee in Europa, das atlantische Bündnis, die NATO zu entziehen. Daher besitzt Paris die Freiheit, zu allen Feinden der Vereinigten Staaten freundlich zu sein. Durch die Abkehr von seinen atlantischen Verbündeten entgeht Frankreich der Schande, die sich an den Namen des »amerikanischen Imperialismus« und sogar des »westlichen Imperialismus« heftet. Um es zu wiederholen: Ich spreche hier nicht vom endgültigen Wert, von den Kosten und dem Gewinn einer solchen Außenpolitik. Aber wenn man sie einmal als gegeben ansieht, warum sollte de Gaulle sich Nasser zum Feinde machen, indem er ihm die Öffnung des Golfs von Akaba empfiehlt?

Man muß sich für das eine oder andere entscheiden. Entweder unterlassen es die Vereinigten Staaten, ihre 1957 feierlich gegenüber Israel eingegangene Verpflichtung einzuhalten und verlieren ihr Gesicht. Würde de Gaulle das bedauern? Oder sie stellen durch eine kombinierte diplomatisch-militärische Aktion die

Freiheit der Schiffahrt wieder her und erzielen irgendeinen Kompromiß. Teilweise könnte dies vielleicht de Gaulles Verdienst sein. Wie dem auch sei, er bleibt ein möglicher Vermittler. Der General kann den Standpunkt vertreten, er nütze Israel mehr durch seine Weigerung, Partei zu ergreifen, ungeachtet der entrüsteten Trauer der Israelis, die zu leidenschaftlich erregt sind, um solche Feinheiten des Spiels zu erfassen. Noch einmal, ich will nicht richten.

Ist es für einen zweitrangigen Staat vorteilhaft, auf eigene Faust zu handeln? Ist es für Frankreich nützlich, keiner gemeinsamen Aktion mit den Angelsachsen mehr zuzustimmen? Den friedlichen Absichten der Sowjetunion, der Freundschaft mit den Ländern der Dritten Welt zu vertrauen? Anläßlich der Nahostkrise ist es einem französischen Juden unmöglich, auf solche Fragen gelassen zu antworten.

Lassen wir Gewissensfragen beiseite. Versuchen wir zu sein, was wir gewöhnlich sein wollen: ein Beobachter, der verstehen und verstehen helfen möchte.

In gewisser Hinsicht gibt es eine ständige Nahostkrise. Die arabischen Länder haben sich nie mit der Existenz des israelischen Staats abgefunden. Seit zwanzig Jahren lebt dieser Staat wie eine belagerte Festung. Das gesamte Volk ist bewaffnet: die Armee ist das Volk, das Volk ist die Armee. Die Israelis sind entschlossen, wenn sie schon sterben müssen, mit der Waffe in der Hand zu sterben, da ihre Väter und Mütter, unter Mitwirkung des einen und inmitten der Gleichgültigkeit des anderen Teiles der Menschheit, in die Gaskammern getrieben wurden, und heute Unwissende oder Pharisäer den Opfern zum Vorwurf machen, sich nicht verteidigt zu haben.

Warum aber nahm die endemische Krise plötzlich einen explosiven Charakter an? Seien wir aufrichtig und versuchen wir, unbestrittene Tatsachen von Spekulationen trennen. Bekannte

Tatsachen sind Nassers Unfähigkeit, den Krieg im Jemen zu beenden, die Zinsen für die ausländischen Anleihen zu bezahlen, von den Vereinigten Staaten eine Nahrungsmittelhilfe zur Ernährung der Bevölkerung zu erhalten; insofern stand er mit dem Rücken gegen die Wand. In den vergangenen Jahren hatte er mehrfach den anderen Staatsmännern Mäßigung empfohlen und verkündet, zwar müsse man stets an den Endkampf denken, der Israel auf der Landkarte auslöschen würde, doch sei es unnütz, ihn heraufzubeschwören, solange man keine Überlegenheit besitze.

Noch letztes Jahr legte ich den Israelis die Gründe für einen kurzfristigen Optimismus dar: Warum sollte die Explosion stattfinden, da die Uneinigkeit der arabischen Länder, die Stärke des israelischen Heeres und die Schwächung des ägyptischen offenkundig waren? Ich habe mich getäuscht, aber auch meine Gesprächspartner machten sich des Optimismus schuldig. Zwei Gründe wurden übersehen. Nasser war zum Pokerspiel genötigt, um die Einheit der arabischen Länder wiederherzustellen. Gerade das Übermaß an Konflikten zwischen den Arabern veranlaßte Ägypten, sie gegen einen gemeinsamen Feind zu vereinen, einen absoluten Feind, dessen bloße Daseinsberechtigung verneint wird.

Weitere unbestrittene Tatsachen: die sowjetischen Waffenlieferungen an alle arabischen Länder vom Roten Meer bis Nordafrika. Warum so viele Panzer nach dem Irak, Ägypten, sogar Algerien? Auf diese Fragen bieten sich vielfache, keineswegs widerspruchsvolle Antworten von selbst an.

Seit der Kubakrise Ende 1962 hat die Entspannung in Europa Fortschritte gemacht, die russische Herrschaft über die sozialistischen Länder des Ostens lockerte sich, Rumänien verstärkte seine Unabhängigkeit, auf der anderen Seite verließ Frankreich die NATO. Die Sowjetunion wäre nicht mehr imstande, eine Front des Kalten Kriegs auf dem europäischen Kontinent zu eröffnen, ihre Verbündeten ließen es nicht zu, und das wahrscheinliche Ergebnis wäre die Wiederherstellung des atlantischen Bündnisses. War die Sowjetunion um jeden Preis gezwungen, nach dem Mißerfolg in Kuba und Berlin, eine neue Front aufzubauen und die Gelegenheit zu einer Revanche zu suchen? Davon bin ich nicht überzeugt. Wahrscheinlich ist der Vietnamkrieg eine der Ursachen der heute auf dem Nahen Osten lastenden Kriegsdrohung. Aber auf jeden Fall zeichneten sich im Lauf der letzten Jahre zwei Entwicklungen ab. Die eine war diplomatischer, die andere militärischer Natur. Beide führten zu den gegenwärtigen Ereignissen.

Die sowjetischen Führer haben schließlich die strategischen Auffassungen der amerikanischen Regierung übernommen; sie haben verstanden, daß die Kern- und Wasserstoffwaffen nur von indirektem Einfluß auf die zwischenstaatlichen Beziehungen sind. Natürlich schützt die Fähigkeit zu einem nuklearen Gegenstoß die Sowjetunion vor jedem gegen ihr Gebiet gerichteten Angriff, aber sie erlaubt weder die Errichtung einer Raketenbasis auf Kuba noch kann sie die Bombardierung Nordvietnams verhindern. Diese Zwangslage entsteht, weil der Einsatz der monströsen Waffen, außerhalb extremer Fälle, schwer vorstellbar ist. So wird »Papas Diplomatie« fortgesetzt. *Diplomacy as usual*, würden die Engländer sagen. Ein entscheidendes Instrument der amerikanischen Aktion sind weder die einundvierzig atomgetriebenen U-Boote noch hunderte *Minute Men*. Sie schufen zwar die für eine Aktion notwendigen Bedingungen, aber erst die VI. Flotte im Mittelmeer und die VII. Flotte im Fernen Osten erlauben es, den Frieden aufrechtzuerhalten oder den Krieg zu führen. Die Sowjetregierung hat das ihrerseits begriffen, Chruschtschows Nachfolger verstärkten die klassischen Waffengattungen, vor allem die Flotte. Sowjetische U-Boote und Kriegsschiffe zeigen mit wachsender Vorliebe ihre Flagge im Fernen Osten und im Mittelmeer.

Gleichzeitig wurde die Sowjetunion — unfähig, mit dem revolutionären Wortschwall des maoistischen China zu wetteifern und im Innern sich von neuem der Methoden eines primitiven Stalinismus zu bedienen — der Versuchung eines Dritten Weges ausgesetzt: einer Expansion nach den überlieferten Zielen russischer Großmacht. Dies war um so naheliegender, als der Dritte Weg ihr gleichzeitig die Möglichkeit bot, die sogenannten unterentwickelten oder sozialistischen Länder aufzuwiegeln. Alle jene Staaten, von New Delhi bis Havanna, bekennen sich als proägyptisch und antiisraelisch.

Der von Nasser offen bekundete Wille, einen Mitgliedstaat der Vereinten Nationen zu vernichten, stört Frau Nehrus zartes Gewissen nicht im geringsten. Natürlich ist »Staatsmord« nicht gleichbedeutend mit Völkermord. Die französischen Juden, die sich mit Leib und Seele der Sache der schwarzen, braunen und gelben Revolutionäre verschrieben, schreien jetzt vor Schmerz auf, während ihre Freunde Vernichtungsschreie ausstoßen. Ich leide wie sie, mit ihnen, was sie auch gesagt oder getan haben, nicht weil wir Zionisten oder Israelis geworden sind, sondern weil in uns ein unwiderstehliches Gefühl von Verbundenheit aufsteigt. Es ist unwichtig, woher es kommt.

Sollten die Großmächte, nach einer kühlen Kalkulation ihrer Interessen, jenen kleinen Staat, der nicht der meine ist, zerstören lassen, dann würde dies zahlenmäßig winzige Verbrechen meine Lebenskraft rauben. Und ich glaube, daß Millionen Menschen sich der Menschheit schämen würden.

Bedienen wir uns wieder der Sprache des Analytikers, in der Hoffnung, es gehe im Augenblick nicht um das, was Hitler die »Endlösung« nannte und was der ägyptische Staatschef als »Entscheidungsschlacht« bezeichnet.

Die erste Runde hat stattgefunden, und sie verlief zugunsten Nassers. Die Vereinigten Staaten wurden von der Plötzlichkeit verschiedener Schritte überrascht, da sie in den Vietnamkrieg, den sie weder gewinnen noch verlieren können, verstrickt sind, dessen beste, wenn nicht einzige Rechtfertigung in der Einhaltung ihrer Verpflichtungen besteht. U Thant gab den Forderungen Nassers schneller nach, als dieser geglaubt und vielleicht sogar gewünscht hatte. Präsident Johnson besaß nicht die Einsicht, der Blockade des Golfs von Akaba durch eine symbolische Botschaft zuvorzukommen. Während vier entscheidender Tage spielte die allgemeine Untätigkeit dem augenscheinlichen Sieger selbst seine Feinde zu. Arabische Staatschefs schlossen sich einem Unternehmen an, das ebensosehr gegen sie wie gegen Israel gerichtet war. Der jüdische Staat — der noch vor zwei Wochen gedroht hatte, sich Recht zu verschaffen, sollten die Fedayin ihre Angriffe fortsetzen — ist nun von zeitweilig geeinten Nachbarn umgeben.

Es ist wenig sinnvoll, sich jetzt zu fragen, ob die Sowjetunion das Unternehmen ausgelöst oder nur unterstützt hat, ob U Thants Ungeschicklichkeit oder Johnsons Unentschlossenheit in der entscheidenden Stunde es beschleunigt hat. Am 4. Juni 1967 stehen sich die Heere Israels und der arabischen Länder in der Wüste gegenüber mit dem Willen, sich zu schlagen; desgleichen die Sowjetunion und die Vereinigten Staaten auf diplomatischem Boden in der Absicht, sich weder gegenseitig umzubringen noch zu verständigen.

Der vorstehende Beitrag wurde am 4. Juni verfaßt und am 12. Juni im ›Figaro Littéraire‹ veröffentlicht. Eine Vorbemerkung dazu wurde am 8. geschrieben:

Ich schrieb diesen Beitrag am Morgen des 4. Juni, unfähig, mich zwischen der Sprache des Bekenntnisses und der Analyse zu entscheiden. Während ich diesen Zusatz niederschreibe, ist der Artikel »überholt«, wie die Formel lautet, und wird es bei seinem Erscheinen noch mehr sein — nach dem Ende der Feindseligkeiten und wenn die siegreichen israelischen Streitkräfte wieder den Diplomaten das Wort überlassen haben.

Es ist zu spät, einen anderen Beitrag zu schreiben, zu früh, um die Lehre aus den Ereignissen zu ziehen. Da meine Freunde vom ›Figaro Littéraire‹ diesen Betrachtungen eines französischen Juden eine über die aktuellen Umstände hinausreichende Bedeutung beimessen, veröffentlichte ich sie, wie sie verfaßt wurden, im Zustand der Angst und im Bewußtsein der von mir nicht zu lösenden Widersprüche.

Zum Schluß nur noch ein Wort. Israel hätte besiegt werden können, und seine Niederlage wäre total gewesen. Hätten sich Syrer, Jordanier, Ägypter, nach den prahlerischen Ankündigungen ihrer Propaganda, in Tel Aviv getroffen, gäbe es keinen Staat Israel mehr, selbst wenn israelische Menschenleben gerettet worden wären. Israel hat die arabischen Staaten nicht besiegt, es hat durch eine Blitz-Operation einen militärischen, politisch nicht entscheidenden Erfolg davongetragen. Der das kleine Land umschließende Ring wurde gesprengt, Nasser verlor das Gesicht, die Ägypter wissen sich noch nicht der modernen Panzer und Flugzeuge zu bedienen, die die Sowjetunion ihnen geliefert hatte. Mehr denn je ist es notwendig, einen kühlen Kopf zu bewahren. Das einzige Ziel ist nicht Sieg, sondern Friede. Israel wird nur dann in Frieden leben, wenn die Araber es anerkennen, die morgen wie gestern seine Nachbarn bleiben, zahlreicher als die Israelis sind und in einer mehr oder weniger fernen Zukunft ebenfalls fähig sein werden, die Technik zu beherrschen. Wir sollten von den Großmächten verlangen, den Aufschub endlich zur Suche nach den Mitteln zu nutzen, die den Frieden in einem Raum herstellen können, in dem es seit zwanzig Jahren nichts als einen kriegerischen Waffenstillstand gegeben hat.

Eine Erinnerung quält mich: Nach dem Ersten Weltkrieg hatte Paul Desjardins ein Vorwort geschrieben, das folgendermaßen endete: »So mußten also jene Kinder und auch unsere Kinder sterben, damit wir heute begreifen, daß sie sich hätten verstehen können.«

Wieviel Zeit wird es brauchen, bis Juden und Mohammedaner, Israelis und Araber, die alle an den gleichen Gott glauben, soweit kommen, sich zu verstehen?

Wie der Krieg unvermeidlich wurde[1]

Nach einem halben Jahrhundert ist es den Historikern noch nicht gelungen, sich über die genaue Verantwortung der einzelnen Beteiligten am Ausbruch des Ersten Weltkriegs zu verständigen. Es wäre vermessen, sich zum Richter aufschwingen zu wollen, während der Kriegslärm noch anhält. Dies wäre um so nutzloser, als die Archive noch geschlossen sind, die Verantwortlichen leben und wahrscheinliche, doch nicht beweisbare Hypothesen sich jedem in Fülle anbieten.

Ungeachtet dieser Einschränkungen, kann man die großen Umrisse dieses Dramas erkennen. Mit Hilfe einer Sammlung von Zeitungsausschnitten der letzten Monate lassen sie sich rekonstruieren. Vor Ausbruch der Krise 1967 strömten, genau wie 1956, bedeutende Mengen sowjetischer Waffen in den Nahen Osten. Diesmal erreichten sie sogar Nordafrika. Die Sowjetunion, eine Großmacht, selbst wenn man den Vietnamkrieg außeracht läßt, ist vollauf berechtigt, sich für diesen Raum zu interessieren, der kein ausschließliches Revier der Westmächte mehr ist. Jede russische Macht, unter den Zaren wie unter Lenin, suchte sich einen Zugang zu eisfreien Meeren zu verschaffen und ihren Einfluß auf die Anliegerstaaten des östlichen Mittelmeeres auszudehnen.

[1] Verfaßt am 6., veröffentlicht am 7. Juni 1967.

Vor der Krise verschlechterten sich 1967, genauso wie 1956, die Beziehungen zwischen der Vereinigten Arabischen Republik und den Vereinigten Staaten. John Foster Dulles hatte die Finanzierung des Assuan-Staudamms verweigert. Vor kurzem hatten amerikanische Vertreter die Fortsetzung der Lieferungen landwirtschaftlicher Überschußerzeugnisse an Bedingungen geknüpft, die Nasser ablehnte. Wieder einmal war die Vereinigte Arabische Republik — unfähig, ihre Schulden zu bezahlen und die für die wirtschaftliche Entwicklung notwendigen Investitionen zu finanzieren — wirtschaftlich am Ende ihrer Kräfte. Die Zerwürfnisse zwischen den arabischen Staaten waren noch nie so groß gewesen, ein bedeutender Teil des ägyptischen Heeres war im Jemen durch einen endlosen Krieg gegen königstreue Stämme und mittelbar gegen Saudiarabien gebunden.

Fürchtete Nasser angesichts des griechischen Militärputsches und der Drohung des israelischen Generals Rabin gegen Syrien eine Verschwörung, deren nächstes Opfer er selbst sein konnte? Erhielt er von Gromyko Versprechungen? Lassen wir diese Fragen ohne Antwort. Um sein Ansehen als Führer wiederzugewinnen und die Einheit der arabischen Staaten wiederherzustellen, verfügte Nasser über die immer gleiche und vielleicht einzige Waffe: Front machen gegen Israel.

Seit elf Jahren hatte er UN-Truppen im Gazastreifen und in Scharm el-Scheik geduldet, die für Ruhe an der Grenze sorgten und symbolisch für freie Schiffahrt im Golf von Akaba garantierten. Dadurch war es dem ägyptischen Staatschef möglich, elf Jahre lang die Unterbindung des Terrorismus zu dulden und Elat offenzuhalten, — der einzige dauerhafte Gewinn Israels nach seinem Sinaisieg.

In diesem Augenblick faßte ein Mann einen Entschluß, dessen Sinnlosigkeit sogleich offenbar war und der im Rückblick verhängnisvoll erscheint. Ohne Befragung des Sicherheitsrates oder der Generalversammlung der Vereinten Nationen gab U Thant den Forderungen Nassers nach, der vielleicht eine so rasche Verwirklichung nicht einmal gewünscht hatte.

Es ist möglich, daß der Generalsekretär der Vereinten Nationen dem Gesetzestext entsprechend gehandelt hat: Die UN-Soldaten, die sich nur auf der einen Seite der Grenze befanden, konnten auf dem Gebiet des betreffenden Staats nicht ohne dessen Einwilligung bleiben.

Aber jeder mit einem Mindestmaß an politischem Verständnis begabte Mensch hätte begreifen müssen, daß jenseits des Gesetzestextes der Friede selbst auf dem Spiel stand. Zwar war U Thant grundsätzlich gezwungen, Nassers Forderung Folge zu leisten, doch hätte er Zeit gewinnen und sich an die Öffentlichkeit wenden können — deren Haltung für alle, außer ihm offenkundig war. Heute noch deutet vieles darauf hin, daß Nasser sich schließlich hätte »zurückhalten« lassen.

Die Schnelligkeit dieses ersten Erfolgs reizte den Spieler zu einem zweiten Zug. Eine letzte Spur der Niederlage von 1956 war noch vorhanden: Durch den für die Schiffahrt geöffneten Hafen von Elat sicherte sich Israel seine Benzinversorgung und die Ausfuhr seiner Waren nach dem Fernen Osten. Vierundzwanzig Stunden nach dem Abzug der UN-Soldaten ließ der Wortlaut der Blockadeankündigung des Hafens von Akaba noch mehrere Deutungen zu. J. F. Dulles hatte Israel 1956 bestimmte Zusicherungen gemacht, die allerdings für die Vereinten Nationen nicht verpflichtend waren. Während achtundvierzig Stunden zögerte das Schicksal. Johnson fiel die Aufgabe zu, Verpflichtungen einzuhalten, die vor zehn Jahren ein anderer Präsident der Vereinigten Staaten übernommen hatte. Anders ausgedrückt: Durch die Feierlichkeit seiner Erklärungen, die Überzeugungskraft seiner öffentlichen und geheimen Botschaften durfte er weder Kairo noch Moskau im unklaren über seine Entschlossenheit lassen. Der durch das Gewicht eines endlosen Ostasienkrieges nieder-

gedrückte amerikanische Präsident vermutete mit Recht hinter
der ägyptischen Herausforderung den sowjetischen Einfluß. Er
versprach daher seine diplomatische Hilfe mit solchem Zögern,
daß er auf beiden Seiten eine Kettenreaktion hervorrief, die unvermeidlich zur gewaltsamen Entladung führte.

In wenigen Tagen war Nasser wieder ein Held geworden, ein
Sieger, der den Palästinensern ihr Land und den Arabern ihre
Ehre zurückbringen würde. Alle Herrscher, die Hussein und
Faisal, ließen sich, ungeachtet ihrer geheimen Gefühle, von der
Begeisterungswelle fortreißen, es sei dahingestellt, ob aus Va-
terlandsliebe oder Interesse. Nasser konnte nicht mehr zurück,
die Stunde der Entscheidungsschlacht hatte geschlagen: der Golf
von Akaba war geschlossen, die irakischen Truppen zogen in
Jordanien ein.

Nasser hatte den Krieg möglich gemacht, U Thant und Johnson
machten ihn unvermeidlich.[1]

Israel kämpft für seine Existenz, aber militärische Erfolge bräch-
ten ihm nur einen Aufschub. Morgen wird es, ebenso wie gestern, von arabischen Staaten umgeben sein. Im Ziel einig, sich
nicht gegenseitig zu vernichten, sind die USA und die UdSSR
gleichwohl unfähig, sich zu verständigen. Und dennoch bleibt in
Jerusalem wie in Hanoi die einzige Hoffnung ein vernünftiges
Gespräch zwischen beiden Großmächten.

[1] Nachträglich scheint mir meine Beurteilung U Thants und Johnsons zu
streng zu sein.

Die tragische Ironie der Geschichte[1]

Die Menschen machen ihre Geschichte, aber sie wissen nicht, welche Geschichte sie machen. Einmal mehr bestätigt die Nahostkrise, deren zweiter Akt zu Ende geht (der dritte wird diplomatischer Art sein) die Richtigkeit dieser banalen Formel. Wohl haben die hauptsächlichen Beteiligten ihre Entschlüsse nach Abwägen ihrer Aussichten und Risiken gefaßt, doch alle gemeinsam gelangten sie zu Ergebnissen, die der Absicht keiner der Parteien, vielleicht nicht einmal der Israels entsprachen. Von dem Ablauf der Krise liegt natürlich einiges noch unaufgeklärt im Dunkel. Man weiß nicht, was Gromyko letzten März zu Nasser gesagt hat. Man weiß nicht, welche Bedeutung den Drohungen General Rabins gegen Syrien beizumessen war. Man weiß nicht, ob der ägyptische Präsident wirklich, wie er es behauptet, einen israelischen Angriff gegen Syrien befürchtete. Aber jenseits dieser Ungewißheiten zeichnen sich die großen Linien des Dramas klar ab.

Nasser wußte, nach seinen eigenen Worten, daß die Schließung des Golfs von Akaba, die Truppenzusammenziehung auf der Sinaihalbinsel, der Abschluß eines Bündnisses mit Jordanien, seine Bemühungen um ein gemeinsames Vorgehen der irakischen

---

[1] Verfaßt am 13., veröffentlicht am 14. Juni 1967.

und jordanischen Streitkräfte eine Herausforderung Israels darstellten. In Jerusalem hatte man wiederholt erklärt, die Blockade Elats oder der Einmarsch irakischer Truppen in Jordanien wären ein *casus belli*. Da die arabischen Länder den Staat Israel nicht anerkannt haben und Ägypten den bestehenden Kriegszustand anführt, um israelischen Schiffen das Durchfahren des Suezkanals zu verbieten, ist das Völkerrecht gewissermaßen von vornherein aus der Debatte verbannt.

In der Sprache der Philosophen heißt das: Israel und seine Nachbarn leben im Naturzustand, den Herrschaft von Gewalt und List kennzeichnen. Ägypten und Israel beriefen sich gleichermaßen auf den von Montesquieu formulierten Grundsatz: »Unter Gesellschaften zwingt das Recht der Selbstverteidigung, manchmal selbst anzugreifen, wenn nämlich ein Volk sieht, daß eine Fortsetzung des Friedens eine andere Nation in die Lage versetzen würde, es zu zerstören und daß in diesem Augenblick der Angriff das einzige Mittel ist, um dieser Zerstörung zu entgehen.« Israel könnte natürlich die folgenden Zeilen aus ›Vom Geist der Gesetze‹ zitieren: »Die kleinen Gesellschaften haben häufiger das Recht zum Kriege als die großen, da sie häufiger in die Lage kommen, zerstört zu werden«. Aber auch in diesem Fall wird jeder in seinem Sinn interpretieren: Das Volkseinkommen der 2,5 Millionen Israelis ist fast so hoch wie das der dreißig Millionen Ägypter, das Pro-Kopf-Einkommen ist in Israel fast zehnmal so hoch wie in Ägypten.

Die Beschaffenheit des Schlachtfeldes sicherte dem zuerst Zuschlagenden einen gewaltigen Vorteil. Am 26. Mai wirkten die Sowjetunion und die Vereinigten Staaten auf Nasser ein, nicht die Initiative zum Krieg zu ergreifen. Die beiden Großmächte handelten in diesem Augenblick nach einer alten Gewohnheit; entschlossen, sich nicht direkt gegenüberzutreten, trugen sie ihre Rivalität mit Hilfe dazwischengeschalteter Kleinstaaten aus. Aber zumindest eine der beiden Mächte, die Sowjetunion, hatte allen

Grund, Ägypten »zurückzuhalten«, da sie im Falle von Feindseligkeiten der Mittel militärischer Unterstützung entbehrte.
Freilich mußte sie sich die entscheidende Frage stellen, ob die
Vereinigten Staaten ebenfalls Israel »zurückhalten« wollten oder
konnten, und welchen Ausgang die Schlacht nehmen würde,
falls Israel sich nicht »zurückhalten« ließe.

Johnson und de Gaulle verfolgten, jeder in dem ihm eigenen Stil,
als ausdrückliches Ziel, Israel »zurückzuhalten«. Aber sie taten
es auf eine Weise, die unausbleiblich hervorrief, was sie — wenn
man ihren Worten trauen soll — vermeiden wollten. Der französische Staatschef aber vergaß die 1957 von den Regierungen
der IV. Republik gegenüber Israel übernommenen Verpflichtungen und unterstützte noch nicht einmal in Worten die israelische
These über die Öffnung des Golfs von Akaba. Er ging selbst
noch viel weiter mit seiner klaren Drohung, denjenigen für einen
Angreifer zu halten, der zuerst zu den Waffen greife, obwohl er
genau wußte, daß Israel wahrscheinlich sein Todesurteil unter-
zeichnete, wenn es eine diplomatische Niederlage hinnahm und
die Initiative den arabischen Staaten überließ.

Präsident Johnson unterstützte die israelische These über den
Golf von Akaba, aber er beging ebenfalls einen Rechenfehler,
— vorausgesetzt, daß er das Ziel verfolgte, den Krieg zu verhindern. Er handelte, als würde Israel das Versprechen einer diplomatischen Aktion genügen, als könnten die auf beiden Seiten
der Waffenstillstandslinien konzentrierten feindlichen Heere
Tage oder Wochen untätig sich gegenüberliegen. Dafür hatte
Harold Wilson anscheinend eine richtige Intuition: Nur eine
unverzüglich in der Meerenge von Akaba unternommene Aktion hätte die Bombe zu entschärfen vermocht, deren Explosion
das Heilige Land wenig später erschütterte.

Nachträglich können sich allerdings sowohl Johnson als auch
de Gaulle rechtfertigen. Der erste, so wird man sagen, kannte
die Überlegenheit der israelischen Waffen. Indem er selbst nicht

eingriff, verhinderte er ein militärisches Eingreifen der Sowjetunion; er ermöglichte also Israel, einen Sieg davonzutragen,
der nicht allein ein israelischer, sondern auch ein amerikanischer
Sieg oder zumindest eine sowjetische Niederlage war. Wenn
man dem amerikanischen Präsidenten diese Berechnung unterstellt, dann erscheint die amerikanische Politik im höchsten ma-
chiavellistischen Glanz.

War dagegen das wirkliche Ziel des französischen Staatschefs,
wie üblich, sich von dem abzugrenzen, was als »Westen« bezeichnet wird, wollte er vor allem vermeiden, daß man Frankreich dem amerikanischen oder angelsächsischen »Imperialismus« gleichsetzte, so hat er trotz allem das Spiel gewonnen. Ungeachtet der massiv pro-israelisch eingestellten französischen
Öffentlichkeit verdiente er sich die Glückwünsche Nassers und
den Beifall der arabischen Massen. Die in Frankreich hergestellten, von israelischen Piloten gesteuerten *Mirage*-Flugzeuge zer-
störten die in der Sowjetunion hergestellten, von ägyptischen
Piloten gesteuerten *Mig*, während die französische Politik zur
gleichen Zeit dem sowjetischen Kurs ständig näher war als dem
amerikanischen. Nach den Meinungsumfragen waren sich die
meisten Franzosen dieser Faktoren nicht bewußt. Indes beruht
Pompidous Behauptung, die französische Regierung habe das
Vertrauen des Jerusalemer Kabinetts nicht verloren, auf einem
Irrtum. Eine solche These wäre nur verständlich, wenn man
annimmt, daß die französische Haltung inmitten einer ernsten Krise, was immer geschehen mag, keine Folgen nach sich
zöge.

Zwei der Akteure des Dramas müssen ihren Rechenfehler eingestehen. Die Zustimmung zu einem bedingungslosen Waffenstillstand durch die Sowjetunion am 6. Juni brachte die Vereinigten Staaten keineswegs in Verlegenheit, sondern war eine diplomatische Niederlage, deren Schwere der Kubakrise entspricht.
Nasser seinerseits überschätzte, nachdem er jahrelang seine ara-

bischen Brüder zu Vorsicht und Geduld gemahnt hatte, plötzlich seine Kräfte und verlor das Spiel.

Der militärische Sieg hat Israel gerettet, aber der einzige echte Sieg wäre der Friede. »Blut, Schweiß und Tränen«: Wird diesmal etwas anderes als ein durch Demütigung noch verschärfter Haß die Folge sein?
Hoffen wir es wider alle Hoffnung.

Lokale Krise oder Weltkrise?[1]

Die Nahostereignisse der letzten Wochen werden so ernste und nachhaltige Folgen haben, daß es notwendig ist, die Haltung der großen und kleinen Beteiligten mit äußerster Schärfe zu analysieren.

Eine der üblichsten Interpretationen gründet sich auf das »russisch-amerikanische Einvernehmen«. Mehrmals bedienten sich Sprecher nichtstaatlicher französischer Rundfunksender dieses Ausdrucks, auch André Fontaine bemühte sich in ›Le Monde‹ den Nachweis zu erbringen, daß die Nahostkrise keine neue Episode im Kalten Krieg sei. Ich halte diese Formulierungen für gefährlich, weil sie eine halbe Wahrheit enthalten.

Es ist durchaus berechtigt, von einem »russisch-amerikanischen Einvernehmen« anläßlich der Gespräche über die Nichtweitergabe von Atomwaffen zu sprechen, weil die beiden Großmächte in diesem Falle ein gemeinsames Interesse besitzen und ein gleiches Ziel erstreben. Im Vorderen Orient ist es jedoch ganz anders. Das angebliche »Einvernehmen« beschränkt sich auf die Entschlossenheit, sich nicht direkt zu bekämpfen. Dieser gemeinsame Entschluß brachte die Sowjetunion und die Vereinigten Staaten dazu, Nasser Mäßigung zu empfehlen; er ließ die Amerikaner

---

[1] ›Figaro‹, vom 19. Juni 1967.

den Israelis dieselben Ratschläge erteilen. Aber er hinderte die UdSSR nicht daran, in immer größerer Menge die arabischen Staaten mit Waffen zu versorgen und die Wirkung der Worte General Rabins durch die Meldung über israelische Truppenverstärkungen an der syrischen Grenze zu verschlimmern, obwohl solche Truppenverstärkungen von den UN-Beobachtern nicht festgestellt worden sind.

In der jetzigen Lage enthält sich die Sowjetunion wenigstens in der ersten Phase des Versuchs, ihre Ideen und ihr System auszubreiten. Mißt man dem Kalten Krieg einen wesentlich ideologischen Charakter bei, dann erkennt man keinen Zusammenhang mehr zwischen lokaler Krise und Weltpolitik. Aber seit 1947 war der Kalte Krieg sowohl eine ideologische Auseinandersetzung als eine Rivalität zwischen Großmächten. Heute weniger ideologisch als vor fünfzehn Jahren (wir können sagen, daß die Ideologie immer mehr zum Instrument der Politik wurde), ist die Rivalität dennoch vorhanden. Sie ist stark genug, um eine gemeinsame Aktion mit dem Ziel der Stabilisierung einer örtlichen Krisensituation auszuschließen. Die Wahrheit ist verwickelter und beängstigender: Die zweideutigen Beziehungen zwischen der Sowjetunion und den Vereinigten Staaten lähmen jede Lösung, sei es durch Mittel der Gewalt oder der Diplomatie. Künftig wird die Lähmung noch größer sein, da die Sowjetunion vor den Vereinten Nationen in Worten noch martialischeren Eifer an den Tag legen wird, um die Araber vergessen zu lassen, daß sie nicht bereit war, sich an ihrer Seite zu schlagen.

Gleichzeitig ist es unbestritten, daß die Entscheidungen Nassers wie der israelischen Regierung, die zur Explosion führten, von den lokalen Akteuren gegen die Ratschläge ihrer großmächtigen Beschützer getroffen wurden. Die Sowjetunion und die Vereinigten Staaten befürchteten gleichermaßen den Brandherd: Moskau besaß keine Mittel militärischen Eingriffs, Washington wollte sich nicht endgültig mit den Arabern überwerfen.

Die Großmächte beherrschen die Ereignisse nicht. Nassers Herausforderung war für die einen zu scharf, die israelische Regierung beantwortete die ägyptische Herausforderung nach der Ansicht der anderen zu heftig. Selbst wenn es keine großen Mächte gäbe, wäre es für Araber und Israelis schwierig, friedlich miteinander auszukommen. Aber Sowjetrußlands Wunsch, seinen Einfluß zu bekunden, die Waffenlieferungen und die Unterstützung der israelischen Thesen durch andere Staaten, fügen dem lokalen Konflikt eine zusätzliche Dimension hinzu.

Auch hierbei ist es notwendig, sich vor jeder einseitigen Interpretation zu hüten. Beide vereinfachten Darstellungen — daß die Großen sich der Kleinen wie Marionetten bedienen, oder: die Kleinen mit Todesverachtung ungeachtet der von den Großen gezeigten Weisheit kämpfen — weichen gleichermaßen von der Wahrheit ab. Ich bitte den Leser um Verzeihung: Die Wirklichkeit in ihrer Kompliziertheit trotzt allen groben Formulierungen. Die Beziehungen zwischen kleinen und großen Mächten werden im Lichte dieser tragischen Wochen mit besorgter Aufmerksamkeit auch von Beobachtern anderer Staaten untersucht werden. Wollte ich die Sache ganz ohne Subtilität darstellen, könnte ich sagen, daß sowohl die Araber als die Israelis das Gefühl hatten, verraten worden zu sein.

John Foster Dulles hatte 1957, im Augenblick des israelischen Truppenrückzugs aus Scharm el-Scheik, das feierliche Versprechen abgegeben, die Vereinigten Staaten würden keine neue Blockade Elats dulden. Präsident Johnson hat das Versprechen seines Vorgängers nur in Worten eingehalten. Die israelische Regierung zieht daraus eine Lehre voller Skepsis hinsichtlich des Wertes von Bündnissen und Verpflichtungen. Als die sowjetischen Führer am 6. Juni vor der Wahl eines offenen Eingreifens oder eines israelischen Siegs standen, zogen sie letzteres vor. Jede der beiden Parteien wird von nun an geneigt sein, mehr auf sich selbst und weniger auf die anderen zu zählen.

Werden die nicht atomar bewaffneten Staaten, außerhalb des Nahostgebietes, sich nicht, mit Recht oder Unrecht, Fragen über ihre Sicherheitsbedingungen stellen? Gewiß besteht ein grundlegender Unterschied zwischen der amerikanischen Verpflichtung gegenüber Europa sowie Japan einerseits und gegenüber Israel andererseits. In den beiden ersten Fällen wird die Verpflichtung durch die physische Anwesenheit amerikanischer Streitkräfte symbolisiert. Ein Halbzug amerikanischer Infanteristen hätte Scharm el-Scheik beschützt.

Nimmt man diese Interpretation an, dann ergibt sich der Schluß, daß im Atomzeitalter nur physische Anwesenheit die Wirksamkeit der Abschreckung durch Verhütung von *faits accomplis* sichert. Ist es also notwendig, daß die Großmächte ihre Truppen über die ganze Welt zerstreuen, um Vertrauen in ihre Worte zu erwecken? Oder sollen die nicht atomar bewaffneten Staaten — eine noch unheilvollere Perspektive — jenseits der subtilen Überlegungen ihre Sicherheit in der Erwerbung von Kernwaffen suchen? Wie wird zum Beispiel Indien auf die Explosion der chinesischen Wasserstoffbombe antworten?

In jeder Hypothese drohen die Lehren des dritten Nahostkrieges, die große Furcht der Menschheit zu vermehren.

Von einem Ministerrat zum anderen[1]

Während des ersten Abschnitts der Nahostkrise, am 24. Mai, schlug General de Gaulle den unmittelbar am Konflikt interessierten »Großmächten« vor, sich untereinander »abzustimmen«. So versuchten vor 1914 die »Großmächte«, ihren Schiedsspruch aufzuerlegen, in der Absicht, das Schlimmste zu verhüten. In seiner Verlegenheit beeilte sich der amerikanische Präsident, den französischen Vorschlag anzunehmen, der natürlich von den sowjetischen Verantwortlichen beiseite geschoben wurde. Sehr wahrscheinlich wünschte die UdSSR keine Eröffnung von Feindseligkeiten. Da sie aber Nasser auf verschiedene Weise ermuntert hatte, konnte sie einer offensichtlichen Zusammenarbeit mit den »Imperialisten« nicht im gleichen Augenblick zustimmen, in dem sie einen diplomatischen Erfolg für ihre arabischen Schützlinge erhoffte.

Die Formel der »Abstimmung zwischen den Großmächten« gehört zur diplomatischen Tradition. Natürlich haben die Sowjetunion, Großbritannien, Frankreich, die Vereinigten Staaten ein gemeinsames Kennzeichen: den Besitz von Atomwaffen. Hätte die chinesische Volksrepublik den fünften ständigen Sitz im Sicherheitsrat inne, dann wären die fünf Mitglieder des Atom-

[1] 28. Juni 1967.

klubs gleichzeitig die fünf ständigen Mitglieder des Sicherheitsrats der Vereinten Nationen. Indes bedürfte es eines äußersten
Optimismus oder einer willentlichen Verblendung, wollte man
Frankreich und Großbritannien derselben Kategorie zuordnen
wie die Sowjetunion und die Vereinigten Staaten. Der Autor
von ›Des Schwertes Schneide‹ ist der letzte, um sich diesbezüglich Illusionen hinzugeben und sich einzubilden, daß das Wort
die Tat oder das moralische Ansehen materielle Mittel ersetzen
könne.

Wenn es sich um Europa handelte, wäre eine Gipfelkonferenz
der Vier etwas anderes als eine Fiktion. Im Mittleren Osten dagegen gibt es neben den lokalen Beteiligten — Israel und die arabischen Länder — nur die beiden Großen und vielleicht im Hin-
tergrund den bedrohlichen Schatten Chinas. Die sechs Mächte der
Europäischen Wirtschaftsgemeinschaft beschäftigten sich in diesen historischen Tagen mit Runkelrüben.

Die »Abstimmung« unter den zwei oder vier Großmächten kam
nach den entscheidenden Tagen zwischen dem 19. und 22. Mai,
an denen Nasser die Höllenmaschine in Gang gesetzt hatte, zu
spät. Die Beziehungen zwischen dem Weißen Haus und dem
Kreml erlaubten es Johnson kaum, Kossygin den voraussehbaren
Verlauf der Ereignisse auseinanderzusetzen. Dem amerikanischen Präsidenten verblieb allein die Wahl zwischen zwei Möglichkeiten: Entweder konnte er Nasser im voraus und im geheimen mitteilen, daß er die Schließung des Golfs von Akaba nicht
hinnehmen werde, oder er konnte die Blockade dulden und Israel
eine diplomatische Unterstützung versprechen. Er wählte den
letzteren Weg.

Am 24. Mai hatte de Gaulle die vier Mächte zur gemeinsamen
Beratung aufgefordert. Beim nächsten Ministerrat, am 2. Juni,
legte ein vom Präsidenten der Republik verfaßtes Schriftstück
dar, »Frankreich glaube, das Schlimmste sei die Eröffnung von
Feindseligkeiten. Infolgedessen hätte jeder Staat, der zuerst und

wo auch immer, zu den Waffen greife, weder sein Einverständnis noch viel weniger seine Unterstützung«.

In der Zeit zwischen den beiden Ministerräten hatte sich der Verteidigungsminister der VAR nach Moskau begeben, Nasser in einer Rede die Vernichtung Israels heraufbeschworen, Algerien Truppen in das Nahostgebiet entsandt, König Hussein sich mit Nasser versöhnt und sich verpflichtet, im Kriegsfall sein Heer dem ägyptischen Oberbefehl zu unterstellen. Kurzum, zwei oder drei weitere *casus belli* waren noch zu der Blockade Elats hinzugetreten. Die von de Gaulle im voraus ausgesprochene Verurteilung der israelischen Aktion konnte die Ereignisse selbst nicht beeinflussen: Waren die amerikanischen Ratschläge zur Mäßigung in Jerusalem nicht gehört worden, warum sollte es den von Paris erteilten besser gehen? Jeder Beobachter der Nahostlage wußte am 2. Juni, daß die Schlacht unvermeidlich geworden war.

Drei Wochen verstreichen, und de Gaulle verkündet mit Eklat, in dem ihm eigenen einzigartigen Stil, seine Ansichten über die Lage im Nahen Osten und in der Welt. Diesmal ist keine Rede mehr von der »Abstimmung zwischen den Großmächten«. Die Ursache allen Übels ist der »durch die amerikanische Intervention hervorgerufene Vietnamkrieg«. Selbst die Atomrüstung Chinas (oder doch die Eile, sich eine solche zu verschaffen) wäre auf den Vietnamkrieg zurückzuführen. Ist dieser auch für die »französische Eile« verantwortlich?

Vielleicht gibt es einen Zusammenhang zwischen dem Vietnamkrieg und der Nahostkrise. Die Annahme schien mir von Anfang an begreiflich, aber allein die Sowjetführer wären imstande, sie zu bestätigen oder zu widerlegen. Doch selbst wenn dieser Zusammenhang bestände, das heißt, selbst wenn die russischen Verantwortlichen die amerikanische Regierung durch das Entfachen von Unruhen in einer empfindlichen Zone des diplomatischen Feldes behindern wollten — was weder ausgeschlossen noch bewiesen ist —, bleibt nichtsdestoweniger die Tatsache bestehen, daß die Sowjetunion, Vietnamkrieg hin oder her, die arabischen Länder mit Waffen ausrüstet, daß sie in jenem Gebiet Stützpunkte und Einfluß im Dienste ihrer nationalen Interessen erwerben will. Was die jüdisch-arabische Feindschaft betrifft, so ist festzustellen, daß sie vor dem Vietnamkrieg bestand und ihn leider lange überdauern wird.

Allein ein neues Element würde, nach Auffassung des französischen Staatschefs, zur Hoffnung auf eine friedliche Lösung im Vorderen Orient berechtigen. So gründeten Frankreich und Großbritannien im letzten Jahrhundert, in der Manier der einstigen Großmächte, ihr Übereinkommen auf ausgehandelte Abmachungen: sie grenzten ihre Einflußsphären ab, tauschten Ägypten gegen Marokko aus, verfügten über Reichtümer, die ihnen nicht gehörten. Es ist wünschenswert und möglich, daß die Sowjetunion und die Vereinigten Staaten sich da und dort zur Verbesserung des Klimas der Koexistenz Zugeständnisse machen. Aber genau einen Tag, nachdem der französische Staatspräsident feierlich verkündet hatte, daß nichts möglich sei, solange der Vietnamkrieg andauere, sprach Kossygin lange mit Johnson und fand so viel Gefallen daran, daß er um eine zweite Unterredung nachsuchte. Wollte de Gaulle das russisch-amerikanische Zwiegespräch verhindern? Warum war er königstreuer als die Könige im Kreml?
Die Beobachter beeindruckte vor allem die Vorsicht der beiden Großen, ihr gemeinsamer Wille, nicht aneinander zu geraten. Was auch immer der Anteil lokaler und allgemeiner Ursachen am Ausbruch der Krise sein mag, ihr Verlauf war kennzeichnend für die internationalen Beziehungen der letzten zwanzig Jahre. Etliche Gründe erlauben also die Hoffnung, daß der »gegenwärtig eingeleitete Prozeß« — um den Ausdruck eines französischen Ministers zu gebrauchen — nicht zum Dritten Weltkrieg führt.

Man ist weniger versucht, den Alpdruck eines internationalen Kriegs zu fürchten als die weitverbreitete Ansicht, Kernwaffen machten einen solchen Krieg unmöglich. Die Menschen gewöhnen sich nicht an den Gedanken eines großen Kriegs, wohl aber an die Wirklichkeit kleiner Kriege, die, sollten sie auch den Maßstab der nuklearen Katastrophe nicht erreichen, dennoch ihr Grauen bewahren. Auch wenn jeder das Ende des Vietnamkrieges herbeiwünscht, kann man sich fragen, ob die Forderung nach der amerikanischen Kapitulation, das heißt, das Überbieten selbst der Sowjetunion, die wirksamste Methode darstellt. Ist es ein notwendiger Bestandteil der Unabhängigkeits- und Neutralitätspolitik, selbstherrlich moralische Urteile über jene auszusprechen, die de Gaulle kaltblütige Raubtiere nennt: die Staaten? Ist es ein Beitrag zum Frieden?

Die Waffen und der Friede[1]

Israel konnte den Krieg durch Waffengewalt verlieren, doch nicht gewinnen. Es trug einen militärischen Sieg davon, nicht *den* Sieg. Ein zweieinhalb Millionen Einwohner zählender Staat besitzt nicht die Mittel, um die Gesamtheit der arabischen Länder zur Kapitulation zu zwingen. Mit der Zerstörung von zwei feindlichen Heeren hat er weder die von ihm bekämpften Staaten noch deren Völker zerstört.

Diese Asymmetrie erklärt zu einem Teil den Verlauf der Ereignisse, sie enthält ebenfalls Lehren für die Zukunft. Gleichviel ob es sich um eine kurze oder lange Perspektive handeln mag, der einzige wirkliche Sieg wäre für Israel der Friede. Das vordringliche Ziel ist die Anerkennung durch die arabischen Staaten, das entferntere bleibt und muß bleiben die Versöhnung mit ihnen. Diese einleuchtende These erlaubt zwar noch nicht, ein mögliches politisches Verhalten für die israelische Regierung zu entwerfen, doch führt sie zu einer Art Warnung vor Illusionen und leidenschaftlichen Ausbrüchen.

In der unmittelbaren Zukunft wird sehr viel von den Beschlüssen des Kreml abhängen. Die Lieferungen sowjetischer Panzer und Jagdflugzeuge waren vorherzusehen und können als normal gel-

[1] 5. Juli 1967.

ten. Sie zeigen keineswegs, daß die Moskauer Führung an eine baldige Wiederaufnahme der Feindseligkeiten denkt. Die UdSSR mußte Nasser auf jeden Fall unterstützen. Da sie im entscheidenden Augenblick nicht eingreifen konnte oder wollte, war sie aus moralischen und politischen Gründen verpflichtet, das zerstörte Kriegsmaterial wenigstens teilweise zu ersetzen.

Die eigentlichen Fragen stellen sich jenseits dieses Problemkreises. Vom sowjetischen oder ägyptischen Standpunkt wäre eine vierte Schlacht — nach den Kriegen von 1948, 1956 und 1967 — nur unter der Voraussetzung einer wesentlichen Veränderung der militärischen Bedingungen sinnvoll. Der Zusammenstoß der Panzerdivisionen in der Wüste begünstigt das beweglichste, die größte Fähigkeit zu raschen Manövern besitzende Heer, dessen Soldaten am besten ausgebildet und dessen Offiziere aller Dienstränge die besten Voraussetzungen bieten, Initiative zu entfalten.

Wie allen anderen Völkern wird es auch den Arabern eines Tages gelingen, die Technik zu meistern. Wenn Shylock nach den Worten von François Mauriac wieder zum König David geworden ist, dann wäre es sowohl monströs als absurd, den antijüdischen durch einen antiarabischen Antisemitismus zu ersetzen und sich das Bild eines für alle Ewigkeit zur Armut und niedrigen Tätigkeit verdammten Arabers zu eigen zu machen. Doch die Modernisierung der Armee setzt die der Gesellschaft voraus. Beides erfordert Zeit.

In den kommenden Jahren (ich spreche nicht von Jahrzehnten) könnten die Ägypter einen militärischen Erfolg gegen Israel nur dank einer wesentlich revidierten sowjetischen Unterstützung erhoffen. Entweder müßte die Zahl der sowjetischen Berater beträchtlich zunehmen oder es wäre die Beteiligung von »Freiwilligen« aus den sozialistischen Ländern notwendig oder aber man müßte den Einsatz von weittragenden Waffen (Raketen) erwägen. Sollten die Sowjetunion und Ägypten diesen Weg wählen, wären die Israelis gezwungen, sich im Rüstungswettlauf nicht überholen zu lassen.

Zum Glück ist das Schlimmste nicht immer gewiß. Die Ägypter werden vor einer Entscheidung zögern, die sie dem sowjetischen Bündnis ganz ausliefern müßte, und die Führer im Kreml werden vielleicht einem Abenteuer ausweichen wollen, an dessen Ende sich die unmittelbare Auseinandersetzung mit den Vereinigten Staaten abzeichnet. Zumindest ist es möglich, daß die Ägypter in der nächsten Phase Israels Existenz hinnehmen und die Sowjetrussen beim Ausbau ihrer Nahoststellungen es unterlassen, die Araber zu einer neuen Kraftprobe zu ermuntern.

Sollte diese optimistische Hypothese sich bestätigen, dann wäre es sowohl die Pflicht als auch das Interesse der Jerusalemer Regierung, jenen arabischen Führern beizustehen, die die Verantwortung für eine unpopuläre Politik zu tragen bereit sind. Sie kann ihnen nur helfen durch Mäßigung und indem sie der Versuchung widersteht, Sicherheit allein nach geographischen Maßstäben, in der Übereinstimmung von Flüssen und Landesgrenzen, zu suchen. Auf lange Sicht, innerhalb von ein oder zwei Jahrzehnten, stellt nicht die jordanische Armee für Tel Aviv eine Bedrohung dar, sondern die Installation von Mittelstreckenraketen in Syrien oder Ägypten. Die beste Art, dieser Gefahr zu begegnen, ist es, jenen Arabern die Hand zu reichen, die sie nicht ein für allemal von sich weisen.

Im Innern des israelischen Staats leben dreihunderttausend Araber. Selbst wenn diese Minderheit einen Lebensstandard genießt, der dem der syrischen oder jordanischen Araber entspricht oder überlegen ist, muß sie auf Entscheidendes verzichten: Die Araber sind keine gleichberechtigten Bürger, als Bürger minderen Rechts bilden sie einen halb fremdartigen Körper. Die Juden Israels, die so lange das gleiche Mißgeschick erlitten haben, können schwerlich umhin, die Gefühle dieser Minderheit zu verstehen. Wenn nicht, dann müßte man mit bitterer Resignation den Schluß ziehen, daß die eintönige und tragische Folge von Ungerechtigkeit und Unterdrückung sich auch bis in die fernste nebelhafteste Zukunft fortsetzen wird.

Da die arabischen Länder die Anerkennung Israels verweigerten, vermochte Israel weder an die Loyalität der arabischen Minderheit zu glauben noch der massenhaften Rückkehr der 1948 geflohenen Palästinenser zuzustimmen. Schon morgen können die Verhältnisse sich ändern. Aber ein unter israelisches Protektorat gestelltes Westjordanien wäre für die Araber ebenso unannehmbar wie ein unter arabisches Protektorat gestelltes Israel für die Juden.

Die Zusammenarbeit zwischen Israelis und Arabern im Vorderen Orient, deren Perspektive vielleicht in schwachen Umrissen sichtbar wird, setzt die Zustimmung der Palästinenser und Jordanier voraus. Die Macht der Waffen ist nicht imstande, sie ihnen zu entreißen.

Warum?[1]

Vor einigen Wochen erwiderte ich einem Freund, der sich über
das Presse-Kommuniqué eines stattgefundenen Ministerrats entrüstete: »Sie werden noch ganz andere Dinge erleben, ich wette,
daß Frankreich in den Vereinten Nationen für die von der Sowjetunion unterstützte Entschließung stimmen wird.« Ich freue
mich keineswegs, ein guter Prophet gewesen zu sein. Meine
Deutung der Person und Denkart General de Gaulles ließ mich
das diplomatische Abgleiten von der Neutralität zur Solidarität
mit den arabischen Ländern und der Sowjetunion vorhersehen.
Aber heute frage ich mich leidenschaftslos: Warum?
Die Jerusalemer Regierung wäre keiner Entschließung nachge-
kommen, die die Israelis, vor jeder Abmachung und ohne irgendeine Garantie, zur Räumung der militärisch eroberten Gebiete
aufgefordert hätte. Ein solcher Beschluß hätte andererseits die
arabischen Länder und die Sowjetunion nur zu zusätzlicher Härte
ermuntern und die Hoffnung wecken können, durch Diplomatie
zurückzuerobern, was auf den Schlachtfeldern aufs Spiel gesetzt
worden war. Wenn das Ziel der französischen Außenpolitik
darin bestehen soll, eine dauerhafte Lösung anzustreben, muß
man zumindest sagen, daß die Unterstützung der sowjetisch-
arabischen Thesen dies Ziel kaum zu erreichen vermag.

[1] 7. Juli 1967.

Nehmen wir einmal an, die Regierung habe, um den Arabern ihren Gerechtigkeitssinn zu beweisen, richtig gehandelt, indem sie sich über die von Frankreich 1957 eingegangene Verpflichtung in der Akabafrage hinwegsetzte. Nehmen wir weiter an, sie hätte gute Gründe, vor und nach den Feindseligkeiten ihre Mißbilligung der militärischen Aktion auszudrücken. Schwieriger anzunehmen ist dann schon das Kommuniqué des Ministerrats vom 21. Juni, das selbst den Schein einer Objektivität sowohl den Vereinigten Staaten als auch Israel gegenüber preisgab. Noch weniger annehmbar ist das französische Votum in den Vereinten Nationen und am wenigsten wohl das Bemühen der französischen Delegation, den befreundeten Vertretern des schwarzen Afrika eine gemeinsame Stellungnahme mit der Sowjetunion nahezulegen. Was denken die Männer, die ihren Beruf als Diener des Staats ausüben — was heute Diener eines einzigen Menschen heißt — wohl im Grunde ihres Wesens?

Halten wir uns an die Sprache des reinen Realismus. Die Staaten des schwarzen Afrika, deren Verantwortliche einen gemäßigten Standpunkt vertreten, sind beunruhigt und entrüstet. Die sowjetischen Waffenlieferungen an Algerien, die sogenannte revolutionäre Politik von Boumedienne lösen in Tunis und Rabat Angst aus. Zwar hatten die dortigen Regierungen für Frankreichs Neutralität Verständnis, sie verstehen jedoch nicht die emsige prosowjetische Aktivität, die bewußte und absichtliche Unterstützung all der Kräfte in der Dritten Welt, die den Vereinigten Staaten und den Westmächten gegenüber am feindlichsten eingestellt sind.

Kann man behaupten, de Gaulle gelänge es gerade auf diese Weise, Frankreich der Feindschaft zu entziehen, die arabische und zahlreiche asiatische oder afrikanische Länder dem »amerikanischen Imperialismus« oder dem »westlichen Imperialismus« entgegenbringen? Die Betonung seiner Unabhängigkeit, die Trennung von der amerikanischen Vietnampolitik, erfordert keineswegs, daß sich Frankreich sowjetischer als die Sowjetunion verhält. Ob es selber will oder nicht: Frankreich gehört zu Europa, zur Familie der wohlhabenden Völker, seine Gesellschaftsordnung ist zutiefst konservativ.

Das diplomatische Spiel, in dem sich de Gaulle gefällt, die Gleichgültigkeit gegenüber Ideologien und inneren Staatsordnungen, der (verbale) Bündniswechsel erscheinen mir, trotz allem, als Anachronismus. Dieser extreme Realismus heimst kurzfristige Gewinne ein, aber er verursacht auch Kosten, die meiner Ansicht nach den vorübergehenden Vorteil bei weitem übertreffen.

Die französische und internationale Öffentlichkeit wird schließlich doch den unerquicklichsten Aspekt dieser Art Diplomatie entdecken. 1960 empfing de Gaulle Ben Gurion als Abgesandten eines befreundeten und verbündeten Landes; 1967 hat Israel, das Frankreich seine Waffen verdankt, das Gefühl, vom gleichen de Gaulle als Feind behandelt zu werden. Sind alle Freunde der Vereinigten Staaten automatisch Frankreichs Feinde? Sind die Feinde der sowjetischen und arabischen Revolutionäre gleichzeitig Frankreichs Feinde? Ist es vorteilhaft für ein Land mit begrenzten Mitteln, sich den zweifelhaften Ruhmestitel zu erwerben, den Großbritannien im letzten Jahrhundert besaß: nur Interessen und keine Freunde zu haben?

Frankreich trennt sich sowohl von seinen Partnern des Gemeinsamen Marktes als auch von den anderen Mitgliedern des atlantischen Bündnisses, das heißt, es trennt sich von jenen, denen es durch seine Wirtschaft, Kultur und Ideale am engsten verbunden ist. Kann das ihm von Tito gespendete Lob eine hinreichende Kompensation sein?

Wenn die französischen Schritte einer Befriedigung dienten, wäre diese sogenannte realistische Berechnung von Gewinn und Verlust letztlich belanglos. Aber in Wirklichkeit entsteht der Eindruck, als sei de Gaulles höchstes Ziel, sich entweder den Vereinigten Staaten immer und überall zu widersetzen oder die

Sowjetführer zu äußersten Maßnahmen zu ermuntern. Es ist durchaus in der Ordnung, daß der General den von einer überwiegenden Mehrheit der europäischen Öffentlichkeit abgelehnten Vietnamkrieg verurteilt. Überraschend jedoch ist, daß sein Reden und Handeln den Eindruck hervorruft, er ziehe die Fortsetzung des Konflikts einem Kompromiß vor, er wünsche weniger den Frieden als eine amerikanische Niederlage und er fürchte vor allem eine russisch-amerikanische Verständigung. Und doch erklärte der damalige Vorsitzende des RPF im März 1949 auf einer Pressekonferenz: »Ich weiß wohl, daß armselige Leute behaupten, es sei notwendig, Stärke durch Politik zu ersetzen. In keiner Zeit hat man je irgendeine Politik betrieben, selbst und ganz besonders eine Politik großen Edelmuts, wenn man aufhörte, stark zu sein. In Indochina schlagen manche die sogenannte Ho Tschi Minh-Lösung vor, das heißt die Kapitulation.«

Seit dem Beginn der Nahostkrise glaubte ich, der Präsident der Republik werde durch die Logik seiner Außenpolitik zum Anschluß an das sowjetische Lager gezwungen. Heute aber frage ich mich angstvoll: Hat man es noch mit einer Logik der Vernunft oder nur mit einer Logik der Leidenschaft zu tun?
Ähnelt die gegenwärtige antiamerikanische Besessenheit nicht der antienglischen Vichys im Jahre 1940?

Israel zwischen Krieg und Frieden [1]

Randolph und Winston Churchill, Sohn und Enkel Sir Winstons, geben in ihrem Buch ›The Six Days War‹ [2] folgenden Ausspruch eines israelischen Fallschirmjägers wieder: »Dies Land läßt nicht gleichgültig, kein Augenblick Langeweile. Ein Krieg bricht aus: in sechs Tagen ist er zu Ende, und die ganze Welt ist drunter und drüber.«

Als ich das Buch der Churchills nach einem kurzen Israel-Aufenthalt las, stellte ich mir selbst die Frage: Ist die Welt wirklich drunter und drüber?

Die Gewalt des militärischen Siegs überraschte weniger das Kommando der israelischen Luftwaffe und die Fachleute des amerikanischen Verteidigungsministeriums als die meisten ausländischen Politiker, ganz zu schweigen vom sowjetischen Nachrichtendienst. Aber eine Schlacht gewinnen heißt noch keinen Krieg gewinnen. Getreu einer bereits historischen Formel verkünden die arabischen Führer: Zwar haben die Araber eine Schlacht verloren — die dritte innerhalb von zwanzig Jahren —, doch haben sie nicht den Krieg verloren. Vermeiden wir dennoch, ein Paradox aufzustellen. Alles wurde nicht verändert, aber

---

[1] 28. August 1967.
[2] ›...und siegten am siebenten Tag‹. Deutsche Übersetzung, Bern, München 1967.

es gibt etwas Neues. Man steckt noch immer in der politischen Sackgasse, aber es ist nicht mehr die gleiche.

Niemand kann von nun an bezweifeln, daß die israelische Armee die stärkste im Nahen Osten ist, ohne Gegenspieler, solange die Sowjetunion sich nicht dazu entschließt, direkt einzugreifen oder mohammedanische »Freiwillige« einzusetzen. Die Anwesenheit der VI. amerikanischen Flotte im Mittelmeer macht ein solches Eingreifen, das im übrigen den Gesetzen sowjetischer Außenpolitik widerspräche, für die nahe Zukunft unwahrscheinlich.

Gerade unter den höchsten israelischen Generalen schätzten einige 1967 das Kräfteverhältnis ungünstiger ein als 1965. Sie entdeckten, daß die Überlegenheit nicht geringer, sondern größer geworden war.

Selbstverständlich hatten Israels Infanterie und Panzerdivisionen durch die in wenigen Stunden ausgeführte Vernichtung der ägyptischen Luftwaffe am Boden einen entscheidenden Vorteil. Mehr als jede andere Kriegsoperation wird die Panzerschlacht in der Wüste vom Flugzeugeinsatz beeinflußt. Aber die israelische Überlegenheit zeigte sich — unabhängig von der Bedeutung des Überraschungseffekts sowie der Wirksamkeit der *Mystère* und *Mirage* — auf allen Gebieten, in allen Kampfformen.

Das besagt nicht, ägyptische, jordanische oder syrische Soldaten hätten schlecht gekämpft. Es besagt noch nicht einmal, die Offiziere hätten der technischen, zum Einsatz moderner Waffen notwendigen Kenntnisse ermangelt. Nach meinen Ermittlungen in Jerusalem und Tel Aviv fehlt den arabischen Streitkräften vor allem die gesellschaftliche Integration, ohne die es keine kollektive Aktion geben kann. Von der Korporalschaft bis zur Armee entsteht eine »Einheit« nur unter der Voraussetzung, daß Menschen einander Vertrauen entgegenbringen. Die ägyptischen Offiziere kannten ihre Soldaten nicht alle bei Namen und zeigten sich überrascht, als sich die Israelis über diese Tatsache überrascht zeigten.

Mit Erleichterung hatten die Israelis festgestellt, daß sie am Tage der Bewährung, ungeachtet ihres Parteienhaders einig waren. Orientalische und europäische Juden, Sephardim und Aschkenasim bildeten eine gemeinsame Nation, obwohl sie in der gesellschaftlichen Struktur nicht alle die gleiche Stellung einnehmen. Wenigstens für kurze Zeit wichen die in den letzten Jahren oftmals heftigen ethnischen Spannungen vor dem Bewußtsein eines gemeinsamen Schicksals und einer von allen ertragenen Gefahr. Die ägyptische oder syrische Propaganda — so vielen Israelis zugänglich, da ihre Muttersprache Arabisch ist — hat die staatsbürgerliche Erziehung der Armee nur vervollständigt.

Der Wiedereinzug der Israelis in Jerusalem ist ein Ereignis von so überragender Bedeutung für die Gläubigen dreier Religionen, er ruft im Unbewußten von Christen, Mohammedanern und Juden so starke Emotionen reiner und unreiner, politischer und mystischer Art hervor, daß man als Beobachter befürchtet, an Wesentlichem vorbeizugehen, sobald man sich der Sprache der Vernunft und des Unglaubens bedient. Aber dennoch vermag ich nicht die Bemerkung eines frommen israelischen Freundes zu vergessen: »Und jetzt werden die Mohammedaner, nicht allein mehr die Araber, in uns den Feind erblicken«. Zwar widerrief der Militär-Großrabbiner seine Worte über den Wiederaufbau des Tempels oder die Gebete nahe den heiligen Stätten der Mohammedaner, doch möglicherweise haben jene, die im tiefsten Innern davon betroffen wurden, sie nicht vergessen.

Eine Niederlage der Russen, ein Sieg der Amerikaner, hat man gesagt. Ist die Bilanz so einfach? Die Sowjetführer waren besorgt über die Anfälligkeit des »fortschrittlichsten«, durch seine Sprache und Aktion dem sozialistischen Lager am nächsten stehenden syrischen Regimes. Trotz oder wegen der Niederlage hat dieses sich vielleicht befestigt, insofern das Bedürfnis nach dem großen Beschützer noch zwingender geworden ist. Auch Ägypten besitzt heute weniger Bewegungsfreiheit als vorher. Es erhielt in den letzten beiden Monaten von der Sowjetunion Jagdflugzeuge (aber keine Bomber) und Panzer, die, wie es heißt, die Verluste zu 50 bis 75 Prozent ersetzen. Natürlich kündigen diese Waffenlieferungen keine Angriffsabsicht für die nahe Zukunft an. Die Russen konnten nicht umhin, Nasser wiederzubewaffnen, und sei es auch nur, um dessen Autorität und Ansehen wiederherzustellen. Wenn sie die Absicht hatten, im östlichen Mittelmeer Militärstützpunkte zu erwerben und einige arabische Länder in Volksdemokratien zu verwandeln, dann sind sie dem Ziel nach der Niederlage ihrer Verbündeten näher als vorher. Aber wollen sie die wirtschaftliche Last eines finanziell defizitären Ägypten tragen, dessen Staatschef von neuem allein — genauso wie bisher — die abenteuerlichsten Entschlüsse fassen kann?

Die erste Reaktion des amerikanischen Präsidenten auf den sechstägigen Krieg war Befriedigung. Sein Vorgänger hatte in der Frage des Golfs von Akaba feierliche Verpflichtungen übernommen, die er zwar selber nicht in Abrede stellen wollte, von denen er jedoch nicht wußte, wie sie zu honorieren seien. Die Israelis übernahmen es, das Problem für ihn zu lösen.

Und nun? Die von Johnson verkündeten Grundsätze für eine Lösung des Problems schließen die Rückkehr zum *status quo ante* aus. Aber wären die Araber bereit, die Räumung der besetzten Gebiete mit der Anerkennung Israels zu bezahlen? Wären die Israelis bereit, die eroberten Gebiete gegen eine internationale Garantie zu räumen, deren Schwäche sie im Mai 1967 ermessen konnten? Russen und Amerikaner hatten sich auf eine Entschließung geeinigt, die die Araber verwarfen und die Israelis nur unter der Bedingung einer umfassenden Aufstellung angenommen hätten. Keine der beiden Großmächte verfügt über Mittel, um ihre Schützlinge zum Gehorsam anzuhalten. Heute sowenig wie gestern sind Araber und Israelis geneigt, selbst wenn sie sich in keinen neuen Krieg stürzen wollen, einen wahren Frieden abzuschließen. Wird das Ergebnis der Feindseligkeiten wieder die Ablösung des Waffenstillstands durch einen anderen sein, die Fortsetzung dessen, was Mao Tse-tung den »verlängerten Konflikt« nennt? Selbst in diesem Fall würden zwei Ereignisse — geschichtlichen Charakters das eine, geopolitischen oder geowirtschaftlichen Charakters das andere — ihre Bedeutung behalten. Die Mohammedaner haben die höchste Gewalt über die Heiligen Stätten eingebüßt, während der womöglich noch für lange Zeit gesperrte Suezkanal weiter an Wert zu verlieren droht.

Eine Diplomatie sucht eine Politik [1]

»*Embarras de richesses*«, sagt mir mit einem zweideutigen Lächeln einer der führenden Männer der israelischen Republik. »Jerusalem, der Gazastreifen, Sinai, das Westufer des Jordan: Diesmal haben wir die besseren Karten, und die anderen müssen nachdenken, wie sie spielen sollen.«

Ich unterbrach den Minister: »Betonen Sie das Wort ›*embarras*‹ oder das Wort ›*richesses*‹? Was die Trümpfe für kommende Verhandlungen angeht, so fehlt es Ihnen sicher nicht daran. Kann man es aber noch Reichtümer nennen, was Sie mit ihren Eroberungen behalten?«

Der Minister gestand bereitwillig, daß die Reichtümer morgen eine Quelle der Verlegenheit sein können. Aber er erging sich nicht in Spekulationen über mögliche Geschehnisse, falls — entsprechend der Definition der sowjetrussischen Diplomatie — »die Folgen der Aggression nicht beseitigt würden«. Statt dessen entwarf er die bekannten Thesen der israelischen Regierung, indem er die Bedeutung der Sicherheitsgarantien besonders unterstrich.

Dieses weder erfundene noch symbolische Gespräch ist für die gegenwärtige Lage bezeichnend. Die Israelis wissen immer, was

---

[1] ›Figaro‹, vom 29. August 1967.

sie sagen müssen. Bisweilen wissen sie, was sie zu bekommen wünschen. Aber sie wissen nicht, was sie tun werden, wenn sie es nicht erhalten. Vielleicht wissen sie sogar nicht immer, im Innern ihres Herzens, was sie eigentlich wünschen.

Regierungsleute und Öffentlichkeit gelingt es nur mühselig, sich vollständig dessen bewußt zu werden, was geschah oder was mit ihnen geschah. Am Morgen des 5. Juni beschwor Levi Eschkol König Hussein in einer Botschaft, nicht militärisch einzugreifen. Erst am späten Vormittag, nach der Besetzung des Büros der Vereinten Nationen durch jordanische Truppen, erhielt das Kommando der Mittelfront den Befehl zum Angriff. Heute ist Jerusalem vereint, israelische Soldaten stehen am Jordanufer und am Suezkanal.

Aber es gibt einen Gegenposten: 300 000 Flüchtlinge leben seit 1948, dank der Unterstützung durch einen Sonderfonds der UNO, im Gazastreifen. Ungefähr eine Million Palästinenser des Gazagebietes und des westlichen Jordanufers müßten den 300 000 Arabern, die der israelische Staat im Innern seiner Grenzen umfaßt, noch hinzugefügt werden. Israel zählt weniger als 2,5 Millionen Juden, deren Zahl langsamer wächst als die der arabischen Minderheit, die zwar das Wahlrecht besitzt, doch vom Wehrdienst ausgeschlossen bleibt.

Was tun? Innerhalb der Regierung und der Öffentlichkeit zeichnen sich verschiedene Strömungen ab. Brächte man Parteien oder Personen auf einen bestimmten Nenner, dann entstünde ein Bild, das für den Geist ebenso befriedigend wie von der Wirklichkeit entfernt wäre.

Betrachten wir zunächst eine Richtung, die einige namhafte Schriftsteller oder Publizisten, aber keine Vertreter in den führenden Kreisen zählt. Als ihr Ziel könnte man das eines weltlichen Völkerstaats nennen: Araber und Juden sind als Semiten dazu ausersehen, gemeinsam zu leben, statt sich zu bekämpfen oder gar feindlichen Parteien anzuschließen, die im Weltmaßstab den Kampf gegeneinander führen und die Belange des Vorderen Orients äußeren Interessen, den Berechnungen planetarer Diplomatie unterordnen. Behandeln wir also die Araber als Gleiche, unterscheiden wir gundsätzlich zwischen jüdischer Religion und israelischem Staat. Dann wird unsere Aktion, unser Beispiel allmählich, über die Koexistenz hinaus, die Zusammenarbeit, später die Föderation der heute einem alle verheerenden Krieg geweihten Völker vorbereiten.

Ein solches Programm setzt das Problem als gelöst voraus. Doch selbst die religiös ungebundenen Israelis bleiben dem Gedanken eines wesentlich jüdischen Staats verhaftet. Die ungläubigen Aschkenasim, die aus Europa ins Heilige Land zurückkehrten, bewahren das Bewußtsein einer hebräischen Wesensart. Viele kennen die arabische Zivilisation, alle erträumen die Wiederherstellung des Friedens, aber für sie wird lange Zeit noch der Araber »der andere« sein. Desgleichen werden die Araber, selbst wenn ihr Lebensstandard den ihrer Brüder jenseits der Grenze übersteigt, sich fremd fühlen in einem Staat, der ihnen nur eine halbe Staatsbürgerschaft gewährt.

Bleibt ein von Arabern und Juden getragener Völkerstaat ohne Diskriminierung vorerst unmöglich – die Israelis geben sich diesbezüglich keinen Illusionen hin –, so scheint ein zwingender Schluß zu einer Alternative hinzuführen, deren beide Möglichkeiten gleicherweise unannehmbar sind: Räumung der eroberten Gebiete, auf jeden Fall des westlichen Jordanufers; es sei denn, die letzten Kolonisatoren, von der letzten Welle des westlichen Imperialismus getragen, wollten werden, was ihre Feinde ihnen seit je nachgesagt hatten. Diese Alternative enthält die Schlußfolgerung, fast könnte man sagen: die ganze Weltanschauung des Dialogs der Israelis mit sich selbst, mit ihren Freunden und Feinden. Doch bevor man dahin kommt, bedarf es noch mancher Unterscheidungen.

Nach der amtlichen Formel ist Jerusalem kein »Verhandlungs-

objekt« mehr. Die einstige Teilung der Stadt widersprach der
Natur der Dinge, die jetzige Vereinigung ist eine Rückkehr zur
Ordnung, soweit man sich überhaupt auf eine natürliche Ordnung auf jenem Boden berufen kann, dessen Bestimmung religiöser Art ist und dessen Los im Lauf der Jahrhunderte darin
bestand, als Durchgangsstation Eroberern oder als Schlachtfeld
Soldaten zu dienen, die teils auf der Suche nach heiligen Erinnerungen waren, teils von imperialem Ehrgeiz angetrieben wurden.
Auch der Gazastreifen bildet ein besonderes Problem. Die Flüchtlinge durften ihre Lager nicht verlassen. Die Palästinenser dieses Gebiets unterstanden einer ägyptischen Behörde, doch sie
wurden nicht wie ägyptische Bürger behandelt und bedurften
einer Reiseerlaubnis nach Ägypten.

Die israelischen Behörden sind weniger bemüht, Kollaborateure
anzuwerben, als die Palästinenser zur Selbstverwaltung zu er-
ziehen, — eine sehr vorübergehende Lösung, da sie theoretisch
das Problem der Souveränität ausklammert. Aber schon tau-
chen Sicherheitserwägungen auf. Es sei unvorstellbar, sagen mir
manche Gesprächspartner, daß der an der israelischen Grenze
gelegene Gazastreifen nochmals als vorgeschobener Posten der
ägyptischen Armee dient. Also Entmilitarisierung? Vielleicht,
aber welchen Wert besitzen Versprechungen? Israelische Ober-
hoheit? Aber zusätzlich zu den Flüchtlingen werden die Palästinenser Gazas die arabische Minderheit in Israel nur noch verstärken.

Die Sinaiwüste stellt für die israelische Armee das günstigste,
für die ägyptische das gefährlichste Schlachtfeld dar. Man kann
kaum annehmen, die Ägypter würden dies Terrain für eine
vierte Runde benutzen. So sollte die Sicherheitsthese keinen
Kompromiß verhindern, ungeachtet der Einwände der Luftwaffe,
die für die Alarmbereitschaft ihrer Verteidigung einige Minuten
gewinnen will.

Schließlich bleibt das Wesentliche: Das westliche Jordanufer ist zwar von Erinnerungen jüdischer Geschichte geprägt, doch von Palästinensern bewohnt, die, ungeachtet ihrer geringen Verbundenheit mit der haschemitischen Dynastie und der Haltung der israelischen Truppen, die Demütigung und das Ressentiment einer jeden besetzten Bevölkerung fühlen. Manche Israelis behaupten, sie seien mehr Palästinenser als Araber, man sollte ihnen Selbstverwaltung und technische Hilfe gewähren. Jordanien war eine künstliche Schöpfung der Mandatsmacht. In einigen Jahren wird sich in der Praxis allmählich eine Lösung abzeichnen: autonome Provinz, verbündeter Staat, israelisch-jordanische Konföderation. Niemand vermag das im einzelnen vorher zu entscheiden. Handeln wir wie bisher. Messen wir das Wünschenswerte nicht am Möglichen, sondern das Mögliche an unserem Willen.

Andere sagen: Die Palästinenser Westjordaniens bleiben, ungeachtet ihrer Besonderheiten, Araber. Die Anwesenheit der Israelis wird den arabischen Nationalismus anfachen. Wir werden in den Teufelskreis von Besetzung und Unterdrückung treten. Wir werden uns selbst verraten durch die Verletzung des moralischen Grundsatzes, auf dem unser Staat sich erhebt. Wie alle westlichen Kolonisatoren des 20. Jahrhunderts werden wir bald ein schlechtes Gewissen haben. So ist die moralische Gefahr größer als die militärische einer Wiederherstellung jordanischer Hoheitsrechte in Westjordanien. Die Schaffung eines unabhängigen Westjordanien, solange israelische Truppen am Jordan stehen, wäre gleichbedeutend mit der Errichtung eines Protektorats in genau dem Sinn, den der Begriff im letzten Jahrhundert besaß.

Was fürchtet ein jeder Israeli am meisten? Die geistige Korrumpierung der Nation durch Eroberungen? Militärische Unsicherheit durch die Räumung der besetzten Gebiete? Verlust an jüdischer Wesensart durch das Anschwellen der arabischen Minderheit? Wäre ich nicht zur Verschwiegenheit verpflichtet, könnte ich wiedergeben, welche Rangordnung von Gefahren meine Gesprächspartner, vielleicht ohne sich dessen immer bewußt zu sein, für die richtige hielten. Politiker oder Militärs kommen indes immer wieder auf eine diplomatisch unanfechtbare Formel zurück: Wenn die Araber zu Gesprächen über einen Friedensvertrag bereit sind, dann ist alles möglich.

Uneins unter sich und über ihre Mission halten die Israelis fest, was sie besetzt haben, und überlassen den Arabern die Verantwortung für die Entscheidung. Der arabische Entschluß wird folglich zu seinem Teil das Schicksal Israels mitbestimmen. Denn auch das Fortbestehen der gegenwärtigen Lage, das Besetzungsregime, wird eine Reihe von *faits accomplis* bewirken, deren Dauer und Folgen niemand vorherzusehen vermag.

Werden die Araber
zu Verhandlungen bereit sein?[1]

Sind die Araber, nach ihrer Niederlage, bereit, Existenz und Rechtmäßigkeit des Staates Israel anzuerkennen? Ich möchte die Frage bejahen. Der israelisch-arabische Konflikt ist qualvoll; er lähmt die wirtschaftliche Entwicklung eines ganzen Gebietes; jeden Augenblick droht er, sich auszubreiten; die von ihm entfesselten Leidenschaften sind in jedem west- oder osteuropäischen Land so beträchtlich, daß die Bürger aneinandergeraten und bisweilen die Politik ihrer Regierungen verwerfen.

Einige Beiträge der ägyptischen Presse erwecken die Hoffnung einer Veränderung von Stil und Taktik, wenn nicht gar einer vollständigen Sinneswandlung. Solange die arabische Propaganda offen die Zerstörung des israelischen Staats predigt, — ohne die in den Tagen vor dem Ausbruch des Kriegs bekundete Drohung der Ermordung von Männern und der Vergewaltigung von Frauen zu berücksichtigen —, sind selbst die Israel am wenigsten gewogenen Westmächte außerstande, die arabische Sache uneingeschränkt zu unterstützen. Ein Linksintellektueller drückte das in ›Le Monde‹ wie folgt aus: Im Augenblick sei ein israelischer Sieg vorzuziehen, da er einen Völkermord vermeidet und die Zukunft beider Parteien sicherstelle.

[1] 30. August 1967.

Präsident Nasser scheint eine diplomatische Lösung der Krise zu erwägen. Entgegen dem syrischen und algerischen Extremismus könnte er eine gemäßigte Haltung wählen, die seine Außenpolitik während der letzten Jahre ohnehin ausgezeichnet hat, bis er sie im Mai 1967 aus heute noch unbekannten Gründen preisgab. Aber kann er sich, nach der Niederlage, zu Zugeständnissen bereitfinden, die er vorher verweigerte? Vermag er, selbst wenn er es wollte, den von Israel geforderten Preis zu zahlen? Der Suezkanal bleibt der Schiffahrt verschlossen. Zwar widersetzen sich die Israelis seiner Inbetriebnahme nicht, aber da ihrer Ansicht nach die Waffenstillstandslinie in der Mitte des Kanals verläuft, erklären sie einfach: Entweder sind israelische Schiffe, wie alle anderen, berechtigt, den Kanal zu benutzen, oder kein anderes Schiff irgendeines Landes darf ihn benutzen. Ägypten verliert wichtige Einnahmen, die Sowjetunion einen Verkehrsweg nach dem Fernen Osten. Je mehr Zeit verstreicht, um so länger werden die Arbeiten für die Wiederinstandsetzungen des Kanals sein.

Die Erdölgesellschaften stellen sich nunmehr auf Riesentanker um, die ganz Afrika umfahren. Dies Zugeständnis kündigt vielleicht die seit neunzehn Jahren beharrlich verweigerte Anerkennung Israels an. Fände der Held des arabischen Nationalismus, den das Volk am Tage der Katastrophe von neuem akklamierte, nun Gefolgschaft auf dem Wege, nicht des Kampfes, sondern des Waffenstillstands, wenn nicht gar des Friedens? Ich weiß es nicht.

In der Frage des Suezkanals genügte ein Zugeständnis von bloß symbolhafter Bedeutung, aber hinsichtlich Jerusalems oder Westjordaniens fordern die Israelis mehr. Die von den Russen und Amerikanern gebilligte Entschließung — Anerkennung des israelischen Staates gegen den Rückzug der israelischen Streitkräfte — wurde von den Arabern verworfen, doch auch die Israelis hätten sie nicht angenommen. Im Augenblick ist keine israe-

lische Regierung denkbar, die die Vereinigung Jerusalems rück-
gängig machen könnte, und auch keine arabische Regierung abzu-
sehen, die auf Jerusalem verzichten würde. Politik oder Religion?
Politik und Religion unentwirrbar verstrickt: Das Los der Heiligen Stadt entfacht wieder einen Streit zwischen Israel und Ismael.
Und die unter sich entzweiten Christen sind keineswegs untätige
Zuschauer.
Selbstverständlich ist keines dieser Probleme an sich unlösbar.
Jerusalem wird nicht wieder in zwei Städte, ohne jede Verbindung miteinander, getrennt werden. Aber hinsichtlich der Heiligen Stätten bzw. der jordanischen oder palästinensischen Ober-
hoheit über den arabischen Stadtteil dürften die Diplomaten
genügend Geschick besitzen, um eine annehmbare Formel aus-
zuarbeiten, sobald die Politiker ihnen dazu den Auftrag erteilt
haben. Vielleicht steht die israelische Regierung einer solchen
Lösung näher, als man es annimmt und als sie es selbst vermuten läßt. Leider ist die unbedingte Voraussetzung gleichzeitig
auch die schwierigste. Israel will mit jedem einzelnen Nachbar-
staat getrennt verhandeln, nicht mit der Gesamtheit der arabischen Staaten. Wahrscheinlich würde es König Hussein Zugeständnisse machen, die es den Vereinten Nationen oder der
Koalition arabischer Länder verweigert. Aber kann Hussein,
nachdem er sein Heer der arabischen Einheit geopfert hat, noch
allein mit dem Feind aller verhandeln?
Die arabischen Mächte würden Israel im Schoße der Vereinten
Nationen in eine schwierige Lage versetzen, wenn sie die seit
1949 verfochtenen Thesen aufgäben und in den Frieden einwilligten. Noch finden sie sich aus vielfachen moralischen und
materiellen Gründen damit nicht ab. Für Nicht-Araber bedeutet
die Anerkennung der Existenz des israelischen Staates die Annahme eines Tatbestands; die Araber sehen darin die Billigung
eines Unrechts und das Eingeständnis einer Niederlage. Wir
müssen sie, ungeachtet unserer eigenen Ansichten, verstehen.

Außerdem würde die arabische Einheit, bereits unter den gegenwärtigen Umständen mehr fiktiv als wirklich, noch schwächer werden, wenn Israel aufhörte, der absolute Feind zu sein. Selbst bei der Bestimmung einer kurzfristigen Taktik haben Extremisten und Gemäßigte die größten Schwierigkeiten, sich zu verständigen. In Damaskus und Algier werden heute die heftigsten Reden geführt. Die Sehnsucht nach der Einheit wurde natürlich durch ein Unglück verstärkt, das alle Araber von Aden bis Casablanca erschütterte. Die Beendigung des Kriegs im Jemen, eine Verständigung zwischen Ägypten und Saudiarabien wären sowohl Bedingung als auch Bestätigung dieser Einheit. Gegenwärtig bleiben die herkömmlichen Interessenwidersprüche zwischen reichen Erdölstaaten und verelendeten rohstoffarmen Ländern bestehen.

Vorläufig haben auch die arabischen Länder, ähnlich wie Israel, eher diplomatische Stellung bezogen als nach einem konsequenten Aktionsplan gehandelt. Natürlich möchten sie die verlorenen Gebiete so billig wie möglich wiederbekommen, während die Israelis sie entweder behalten oder gegen größtmögliche Vorteile austauschen wollen. Aber wissen die Israelis, ob sie mehr verlangen dürfen, als die Araber geben können? Wissen die Araber, ob sie eher bereit sind, einen gewissen Preis zu zahlen, oder den Israelis, durch die Ablehnung jeden Zugeständnisses, die Rolle der Imperialisten aufzuerlegen?

Den Arabern verbleiben zwei entscheidende Aktionsmittel auf wirtschaftlichem und politisch-militärischem Gebiet. Wenn alle arabischen Staaten ein wirkliches Bündnis schlössen und gemeinsam handelten, würde ein Verbot der Erdölausfuhr die Westmächte empfindlich stören. Doch das Schwert ist zweischneidig. Die erdölerzeugenden Länder würden sich selbst schwächen, ohne den mächtigsten »imperialistischen« Staat, die Vereinigten Staaten, zu erschüttern. Großbritannien wäre durch die Zurückziehung des von den arabischen Ländern deponierten Kapitals

oder durch die Verstaatlichung der Erdölgesellschaften am emp-
findlichsten betroffen. Israel bliebe davon unberührt. Die den
Westmächten versetzten Schläge könnten die Vereinigten Staaten nicht veranlassen, Israel ohne Gegenleistung zum Rückzug
aus den besetzten Gebieten zu zwingen.

Die politisch-militärische Waffe wäre der Guerillakrieg. Die terroristischen Streifzüge der Fedayin riefen 1956 die Krise hervor,
die aus Syrien eindringenden Terrorgruppen waren 1967 die
Ursache für den Ausbruch einer neuen Krise. Die gegenwärtigen
Waffenstillstandslinien erschweren zwar das Eindringen fremder Terroristen, doch eines Tages könnte sich in Westjordanien
der passive Widerstand in einen aktiven Widerstand verwandeln.

Die Israelis fürchten eine solche Eventualität nicht. Sie glauben,
die Ordnung in jedem Fall aufrechterhalten zu können. Ich
werde mich hüten, hierzu eine persönliche Meinung zu äußern.
Aber noch einmal muß vor dem Teufelskreis der Gewalttätigkeit gewarnt werden, in dem alle Beteiligten Gefahr laufen, sowohl das Leben als auch des Lebens Sinn zu verlieren.

Der sechstägige Krieg war nichts als eine Episode in dem langen
Konflikt, den die Gründung des israelischen Staats ausgelöst hat.
In diesem Punkt sind sich Israelis und Araber einig — was jede,
selbst vorübergehende Lösung überaus erschwert. Die ersteren
würden dem Friedenswillen der letzteren noch nicht einmal dann
vertrauen, wenn sie endlich die seit 1948 vergeblich geforderte
Anerkennung erreicht hätten. Doch birgt die Suche nach der vol-
lendeten militärischen Sicherheit selbst Widersprüche und Un-
heil in sich. Es gibt keine absolute Sicherheit in einer Welt der
Gewalttätigkeit. Des einen Sicherheit hat des anderen Unsicherheit zur Folge, während jeder für sich die Qualen des Sisyphus
durchmacht.

In der nächsten Phase dürfte sich der Konflikt auf diplomatischem und wirtschaftlichem Gebiet abspielen. Aber im Fall seiner Verlängerung droht irgendwann eine neue Dimension. Oberhalb des Bereichs der klassischen Waffen gibt es Atomwaffen und Raketen, darunter die Bomben und die Maschinenpistolen der Partisanen.

Eingreifen der Großmächte?[1]

Eine weniger unvollständige Analyse der Nahostlage hätte Untersuchungen in Moskau, Washington und den arabischen Hauptstädten erfordert. Der Wille, die Ambitionen oder die Träume der Israelis sind schließlich nur *ein* Element in einem der verwickeltsten diplomatischen Geduldspiele seit 1945.

Immerhin bildet der Vordere Orient bis auf weiteres ein verhältnismäßig selbständiges System, weil die Großmächte in jenem Raum sich gegenseitig lähmen. So werden manche Israelis, im Bewußtsein der auf ihnen lastenden Drohung und ihrer eigenen Kraft, den Beratungen der Vereinten Nationen und dem Urteil der Welt gegenüber fast gleichgültig. Sie haben die Überzeugung, daß ihre Sicherheit vor allem von ihnen selbst abhängt und daß ihnen der Schutz der Vereinigten Staaten auf jeden Fall sicher ist.

Die beiden Thesen wurden durch die Erfahrung im Juni 1967 bestätigt, obwohl diese damit keineswegs einen Ewigkeitswert erworben hat.

Die Israelis befürchten keinen amerikanischen Druck, der sie zu entscheidenden Zugeständnissen nötigen würde. Während der

---

[1] 31. August 1967.

den Feindseligkeiten vorausgehenden Wochen bedrückte die Erinnerung an Eisenhowers Politik im Jahre 1956 die Beratungen der Minister. Das erklärt zum Teil das Zögern der Regierung. Tatsächlich schien die Lage 1967 eine ganz andere als 1956 zu sein: Diesmal gab es kein Zusammenspiel mit außerregionalen Mächten wie Frankreich und Großbritannien, die sich für ihre Interessen, aber nicht für ihr Leben einsetzten.

Wäre es zum Krieg gekommen, wenn Israel nicht zuerst angegriffen hätte? Jedenfalls hatten Ägypter, Syrer, Jordanier, Iraker Herausforderung an Herausforderung gereiht. In seinen Grenzen von 1947 eingeschlossen, konnte Israel nicht ohne Todesgefahr die Initiative, die Wahl des Augenblicks und des Ortes seinen Nachbarn überlassen.

In seinen Reden, in denen er die »israelische Aggression« verurteilte, gestand Nasser, er habe den Feind herausgefordert — durch die Schließung der Meerenge von Tiran, den Truppenaufmarsch auf der Sinaihalbinsel, die theatralische Wiederversöhnung mit König Hussein, der sein Heer dem ägyptischen Oberbefehl unterstellte und irakische Divisionen in Jordanien einmarschieren ließ.

1967 unterstützte die Öffentlichkeit in den Vereinigten Staaten und auch in Europa überwiegend die israelische Sache. Selbst in Osteuropa, in Polen, der Tschechoslowakei, der Sowjetunion, wünschten viele Menschen, nicht allein die Juden, Israels Sieg, entgegen der Stellungnahme der Regierungen des sozialistischen Lagers.

Doch die öffentliche Meinung ist launisch. Heute ist Israel nicht mehr David gegenüber Goliath. Nun sind es die Araber, die das Unglück traf und die schlimmste Schmach, kollektive Demütigung, erleiden. Der Wankelmut der Öffentlichkeit ist dennoch weniger wichtig als der der Kabinette. Im Juni 1967 hatten sich die Vereinigten Staaten und die Sowjetunion verständigt, nicht direkt einzugreifen, folglich den Konflikt zu begrenzen, um ihn

anschließend zu beenden. Werden sie sich auch verständigen,
um eine Lösung durchzusetzen?

Es wird berichtet, daß de Gaulle dem israelischen Außenminister
gesagt habe, es könne keine Nahostlösung ohne Beteiligung
Moskaus geben.
Diese Anschauung überrascht die Israelis, ohne sie zu überzeugen. Hätte die Sowjetunion plötzlich ihre Haltung geändert und
Israels Existenz in den Grenzen von 1949 anerkannt, dann wäre
vielleicht eine gemeinsame Aktion der beiden Großmächte imstande gewesen, Arabern und Israelis bestimmte Friedensbedingungen aufzuerlegen. Aber die Erklärungen osteuropäischer
Diplomaten in privaten Gesprächen vor dem Junikrieg deuteten
auf nichts dergleichen hin. Es war die Rede davon, zu dem Tei-
lungsplan des Jahres 1947 zurückzukehren, den damals die Israelis angenommen und die Araber abgelehnt hatten, der aber gegenwärtig nurmehr eine historische Bedeutung besitzt.

Die Formel eines »Zusammenspiels der Großmächte« gehört zur
Welt vor 1914. Niemals haben die zwei oder vier Großen oder
die Vereinten Nationen seit 1945 es fertiggebracht, den Dingen
auf den Grund zu gehen. Gleichviel ob es sich um Korea, Kasch-
mir oder Berlin handelt, reifen die Probleme heran oder verfau-
len auch, ohne in einem »Weltkonzert« gelöst zu werden.

Die amerikanische Diplomatie hat sich gegen eine stillschwei-
gende Rückkehr zu den im Mai 1967 vorhandenen Verhältnissen ausgesprochen. Doch unterließ sie es, sowohl konkrete Umrisse der angestrebten Lösung als auch Schranken einer möglichen Ausdehnung des israelischen Territoriums zu definieren.
Offenkundig wünscht sie die Wiederaufnahme der wirtschaftlichen und politischen Beziehungen mit den erdölerzeugenden
arabischen Staaten, deren Regime traditioneller Art ist. Ja, sie

hofft sogar, Nasser vom endgültigen Anschluß an das sozialistische Lager abzubringen. Aber solange die arabischen Länder sich weigern, zwischen Waffenstillstand und Krieg zu wählen, hütet sie sich, aktiv einzugreifen oder auf Israel einen Druck auszuüben. Washington scheint immer noch der Losung zu vertrauen: Abwarten — vielleicht wird sich doch einer der Nachbarstaaten Israels zu Verhandlungen bequemen.

Zweifellos haben die Vereinigten Staaten die Absicht, zur Stärkung der Position der »Tauben« im Kreml und als Symbol für die Fortsetzung friedlicher Koexistenz ungeachtet des Vietnamkriegs, die Sowjetunion an Friedensverhandlungen teilnehmen zu lassen. Doch wird das amerikanisch-sowjetische Übereinkommen soweit gehen, den Beteiligten die Friedensbedingungen zu diktieren? Das glaube ich nicht.

Die Sowjetunion trägt einen Teil der Verantwortung für die Vorgänge im Juni 1967. Niemand weiß, was Gromyko während seines Kairoer Besuchs drei Monate zuvor, im März, zu Nasser gesagt hat. Aber einige Tatsachen stehen fest: beträchtliche Waffenlieferungen, die lügenhafte Meldung über israelische Truppenkonzentrationen an der syrischen Grenze, die Weigerung des sowjetischen Botschafters nach dem Vorschlag Levi Eschkols, eine Prüfung der Verhältnisse an Ort und Stelle vorzunehmen.

Wahrscheinlich glaubte die sowjetische Außenpolitik das syrische Regime nach dem Luftkampf vom 7. April gefährdet, in dessen Verlauf sechs syrische Mig abgeschossen wurden. Nach der Unterzeichnung des syrisch-ägyptischen Militärpaktes verfolgte der Aufmarsch ägyptischer Streitmächte auf der Sinaihalbinsel den Zweck, Jerusalem von weiteren Gegenaktionen abzuschrecken. Israelische Fachleute schwanken indes noch zwischen zwei Interpretationen: Gab es einen Plan zur Befestigung der sowjetfreundlichen Regime in Syrien und Ägypten vor dem Ausbruch von Unruhen, die der britische Rückzug aus den letzten Besitzungen in Südarabien erwarten ließ? Oder gab es nur eine Aufeinanderfolge von mehr oder weniger improvisierten Schritten als Antwort auf ungenau bekannte Verhältnisse? Beide Interpretationen treffen sich in einem Punkt: Die Russen hatten weder den Ausbruch von Feindseligkeiten beabsichtigt, noch im voraus Nassers verwegene Entschlüsse gebilligt.

Vorübergehend wurde der sowjetrussische Einfluß in den arabischen Ländern aufrechterhalten oder gefestigt. Aber in unserer Epoche geht die Ausdehnung politischer Macht im allgemeinen mit dem Anwachsen wirtschaftlicher Verpflichtungen einher. Größe kostet Geld und bringt nichts ein. Ägypten zahlt für die sowjetischen *Mig* nicht soviel wie Israel für die französischen *Mirage*. Es ist heute noch weniger als vorher imstande, seine Schulden oder neue Waffen zu bezahlen. Moskaus Ziel ist selbstverständlich, »die Spuren der israelischen Aggression auszulöschen«, die Räumung der besetzten Gebiete ohne allzu große Kosten und neue Gefahren zu erreichen. Im Notfalle können die Männer im Kreml auf Washington zählen, um israelische Ambitionen zu dämpfen und Annexionen zu verhindern, die für das sowjetische Ansehen unerträglich wären. Das ist alles.

Das russisch-amerikanische Einvernehmen könnte sein ganzes Gewicht erst nach einem grundlegenden Kurswechsel der arabischen Außenpolitik erlangen — den die Israelis ebenso erhoffen wie befürchten.

Mit seiner israelfreundlichen Öffentlichkeit und araberfreundlichen Regierung besitzt Frankreich, dank dieser spontanen Arbeitsteilung, in beiden Lagern Sympathien. Aber bis zum Jahresende muß de Gaulle einen ernsten Entschluß fassen. Soll das Ausfuhrverbot für die von Israel bestellten und bezahlten Flugzeuge bestehen bleiben oder aufgehoben werden? Wird es nicht schnell beseitigt, dann wird Israel — wenn auch zu Tode betrübt — auf seine engen Beziehungen zur französischen Rüstungsindustrie verzichten. (Die Israelis halten französische Flugzeuge für die besten auf der Welt.) Gleichzeitig würde es den ohnehin schmalen Spielraum in seinen Beziehungen zu den Vereinigten Staaten einbüßen, den ihm die französische Freundschaft verschaffte. Noch ein Land mehr wäre ganz der »amerikanischen Vorherrschaft« ausgeliefert.

Dem Anschein nach hat Frankreich nur eine untergeordnete Rolle im Ablauf der Krise gespielt. Indes sagte mir einer der berühmtesten Männer Israels, Nasser hätte die Blockade des Golfs von Akaba ohne Hoffnung auf französische Unterstützung nicht verkündet. Als ich mich dazu skeptisch äußerte, wurde mir entgegnet: »Das ist keine Meinung, das ist eine Nachricht.«

In den Vereinten Nationen suchte die Sowjetunion Frankreichs Mitarbeit, um die französischsprachigen Länder des schwarzen Afrika für ihre Ansichten zu gewinnen. Gemeinsam mit den Vereinigten Staaten hat sie eine Entschließung verfaßt und eine Lösung angestrebt. Das heute neutrale Frankreich stellt der Kommission Offiziere zur Aufrechterhaltung des Waffenstillstandes zur Verfügung.

Diese Einzelheiten geben den Geisteszustand der Mehrzahl der Israelis nur unvollkommen wieder. Der Sieg hat die Israelis nicht berauscht, aber sie haben ein gutes Gewissen und empfinden weniger Zweifel oder Unruhe als ihre Freunde. In der Überzeugung, für die Rettung ihrer Existenz gekämpft zu haben, sind die meisten zu ihrer friedlichen Beschäftigung im Innern oder außerhalb des Landes zurückgekehrt, um von neuem, wenn es nottut, die Uniform anzulegen und zu den Waffen zu greifen.

Die Regierung hat keine ein für allemal festgelegte Politik, wohl aber eine Strategie. Die Araber, vor allem die Jordanier, müssen sich zwischen Krieg und Frieden entscheiden. Und vielleicht sind weder König Hussein noch Präsident Nasser stark genug, um sich entscheiden zu können.

Was kann ein gutwilliger Beobachter tun, der sich zwar des Un-

rechts bewußt ist, das den Arabern durch die Gründung des israelischen Staats zugefügt wurde, doch der Überzeugung bleibt,
daß die Zerstörung dieses Staats heute ein unsühnbares Verbrechen wäre? Wie soll man die von Ministern und Generalen in
Jerusalem und Tel Aviv bei jeder Gelegenheit vorgebrachten
Sicherheitsargumente abweisen, solange die arabischen Länder
— selbst wenn es eher ein Traum als ein Willensakt ist — das
Ziel der Zerstörung Israels verfolgen?
Wenn meine Gesprächspartner mich um meine nur wider-
willig geäußerte Ansicht baten, warnte ich sie vor der Falle, die
ihnen weniger der Feind als die Geschichte stellt.
Auf die Dauer gibt es keinen Frieden ohne Versöhnung. Dies
Ziel wird man nicht schon morgen erreichen, und das hängt
nicht allein von den Israelis ab. Aber manche erst durch den Sieg
ermöglichten Entscheidungen können das Ziel leicht in eine noch
fernere Zukunft rücken.

Die UNO in der Nahostkrise [1]

Die Historiker sträuben sich nicht mehr dagegen, die Geschichte der Gegenwart zu schreiben. Weniger als fünf Monate sind seit dem Ausbruch der Nahostkrise verstrichen, und schon bemühen sich Professoren, sie objektiv wiederzugeben. Das Londoner Institut für Strategische Forschung hat soeben eine Studie von Michael Howard und Robert Hunter veröffentlicht. Die Untersuchung ermöglicht die Richtigstellung mancher inmitten der Krise gefällten Urteile und stellt eine Bilanz unserer Kenntnisse und Unkenntnis auf.

Aus der Analyse ergibt sich eine erste Lehre. Verantwortlich für den Konflikt sind im wesentlichen die Mitglieder des »Unterbaus«, die arabischen Staaten und Israel; nicht die Vereinten Nationen, die Vereinigten Staaten, die Sowjetunion. Weder U Thant noch Kossygin und Breschnew haben den Krieg gewollt, den sie nicht zu verhindern wußten.

Die Mehrzahl der Westmächte, auch der amerikanische Präsident, äußerten Kritik an U Thants Haltung. Die heute verfügbaren Dokumente haben mich von dem Unrecht überzeugt, das ich gemeinsam mit vielen anderen beging. U Thant konnte kaum eine andere Stellungnahme beziehen. Selbst eine grundverschie-

---

[1] ›Le Figaro‹, vom 26. Oktober 1967.

dene Aktion, etwa im Stil eines Hammarskjöld, hätte wahrscheinlich den Lauf der Ereignisse nicht abgewendet.

Der Befehlshaber der UN-Truppe, General Rikhye, empfängt am Abend des 16. Mai von dem ägyptischen General Fawzy eine Botschaft, die den Rückzug seiner Verbände aus dem Grenzgebiet fordert. Darüber hinaus stellt der ägyptische Kommandeur mündlich noch eine weitere Forderung: die sofortige Räumung der beiden Schlüsselstellungen El-Salha, an der Sinaigrenze, und Scharm el-Scheik, an der Meerenge von Tiran. Bis heute weiß man nicht, wer die Initiative dazu ergriff, ob es Fawzy oder Nasser selber war. General Rikhye lehnte die ägyptische Forderung mit dem Hinweis ab, sie müsse dem Generalsekretär der Vereinten Nationen unterbreitet werden.

Am nächsten Tag, dem 17. Mai, gegen Mittag fordern die Ägypter zum zweitenmal den Rückzug der UN-Soldaten. Und zum zweitenmal lehnt der indische General das Ansuchen ab. Am Morgen des 18. Mai zwingen ägyptische Truppen das jugoslawische Kontingent zum Verlassen ihrer Stellungen in El-Amr und El-Kuntilla. Mittags empfängt und verwirft der Kommandeur des Postens in Scharm el-Scheik ein auf fünfzehn Minuten befristetes Ultimatum. In der Nacht vom 18. zum 19. Mai erteilt der Generalsekretär der Vereinten Nationen an General Rikhye einen allgemeinen Räumungsbefehl.

Was hatte sich während dieser Zeit in New York ereignet? Sobald U Thant, am 16. Mai abends, Kenntnis von dem ägyptischen Schritt erhalten hatte, trat er mit dem ständigen Vertreter der Vereinigten Arabischen Republik bei der UNO, El Kony, in Verbindung. Dieser behauptete, von der ganzen Angelegenheit nichts zu wissen. Nach Ansicht des Generalsekretärs war ein begrenzter oder vorübergehender Rückzug der UN-Verbände aus allen oder nur einigen Grenzgebieten unannehmbar, da diese Truppe die Aufgabe hatte, Kämpfe zu verhindern, und nicht untätig der Wiederaufnahme von Feindseligkeiten beiwohnen konnte. Verlangte die ägyptische Regierung offiziell die Zurücknahme der UN-Verbände, dann mußte die internationale Organisation diese Forderung erfüllen. Die Anwesenheit von Verbänden der Vereinten Nationen auf dem Territorium eines souveränen Staates setzt dessen Zustimmung voraus. Die VAR war berechtigt, die 1957 erteilte Einwilligung zurückzuziehen.

Am 17. Mai befragte der Generalsekretär der UNO die Vertreter jener Länder, die der internationalen Truppe Kontingente zur Verfügung stellten. Die Vertreter Indiens und Jugoslawiens unterstützen die ägyptische These. Der kanadische Vertreter nahm eine abweichende Haltung ein; mit Scharfblick sah er die wahrscheinlichen Folgen der Maßnahme voraus und plädierte für eine Verzögerungsaktion, da man vor allem Zeit gewinnen müsse.

Am 18. Mai traf die amtliche Räumungsforderung Ägyptens in New York ein. Der Beratende Ausschuß der United Nations Expeditionary Forces schloß sich der Ansicht der Vertreter Indiens und Jugoslawiens an, während Kanadas Vertreter, vom dänischen Delegierten unterstützt, vergeblich ein weiteres Mal vorschlug, das Problem vom Sicherheitsrat prüfen zu lassen.

Das sind die Tatsachen. Die Ägypter hatten an Ort und Stelle ein *fait accompli* geschaffen. In New York wirkten die angesichts ihrer engen Beziehungen mit der VAR am unmittelbarsten berührten Länder, Indien und Jugoslawien, auf den Generalsekretär ein, den Räumungsbefehl zu erteilen. So setzten Nassers Freunde, Marschall Tito und Frau Nehru, die Höllenmaschine in Gang, deren Explosion den Nahen Osten verheeren sollte. Der kanadische Scharfblick hätte der Sache des Friedens und sogar der Vereinigten Arabischen Republik einen besseren Dienst erwiesen.

Trotz allem hätte U Thant durch eine Einberufung des Sicherheitsrats vor dem Räumungsbeschluß wahrscheinlich einen oder zwei Tage gewinnen können. Zwar wäre der Sicherheitsrat unvermeidlich durch die Meinungsverschiedenheiten zwischen den

Großmächten lahmgelegt worden, wobei die Sowjetunion die juristisch kaum anfechtbare ägyptische These verteidigt hatte. Aber vielleicht wäre der Präsident der Vereinigten Staaten imstande gewesen, Nasser während der Verhandlungen des Sicherheitsrats von der verhängnisvollen Entscheidung, der Schließung der Meerenge von Tiran, abzubringen?

Johnson fürchtete vor allem eine zweites Vietnam. Theoretisch konnte und mußte er Nasser an die von den Vereinigten Staaten 1957, beim Rückzug der israelischen Streitkräfte aus Scharm el-Scheik, eingegangenen feierlichen Verpflichtungen erinnern. Er konnte und mußte ihm den Ernst einer Maßnahme klarmachen, die mit einem Schlage das seit zehn Jahren aufrechterhaltene labile Gleichgewicht erschütterte. Doch in der konkreten Situation des Monats Mai 1967 wurde der amerikanische Präsident von den Ereignissen überholt.

Am 22. Mai kündigte Nasser die Blockade der Meerenge von Tiran an. Am Ende des Monats war das Akabaproblem gleichfalls überholt. Das Bündnis zwischen Jordanien und der VAR, der Einzug irakischer Streitkräfte in Jordanien waren zwei weitere *casus belli*, die sich dem ersten zufügten.

Die Krise — daraus machte die arabische Propaganda kein Geheimnis — stellte unmittelbar die Existenz des israelischen Staats in Frage.

Was muß man noch wissen? Wann und warum Nasser, nach Jahren der Vorsicht, durch die Verkündung der Blockade des Golfs von Akaba mit einem Schlag nicht nur Israel, sondern auch die Vereinigten Staaten und Großbritannien herausforderte. Seit dem 22. Mai entwickelte sich die diplomatische Krise, nach dem Beispiel des österreichischen Ultimatums an Serbien im Juli 1914, entsprechend der unerbittlichen Logik der Machtpolitik: Drohungen und Gegendrohungen, Steigerung der Sicherheitsmaßnahmen und Erhöhung des Einsatzes, die Mobilmachung, »die noch nicht Krieg bedeutet«.

Noch heute überrascht, daß der israelische Angriff vom Überraschungseffekt begünstigt wurde, während doch Nassers persönlicher Freund, Mohammed Hasanein Haikal, am 26. Mai geschrieben hatte: »Es geht also nicht mehr um den Golf von Akaba, sondern um etwas viel Wichtigeres: die israelischen Sicherheitsvorstellungen. Aus diesem Gruunde sage ich, daß Israel angreifen muß.«

Die Diplomatie des Alles oder Nichts[1]

Die UNO und die Nahostkrise

Die Westmächte haben Kritik an U Thant geübt, weil er einen Krieg nicht verhinderte, den die Israelis gewannen. Die Sowjetrussen haben ihn nicht kritisiert, ungeachtet der arabischen Niederlage. Nassers Freunde, Jugoslawen und Inder, unterstützten in den Wandelgängen der UNO die Thesen des Präsidenten der VAR, während Vertreter neutraler Staaten wie Kanada oder Dänemark, sich bemühten, die Bombe zu entschärfen. Muß man wieder einmal sagen: Mißtraut euren Freunden?

Man braucht gewiß nicht darüber erstaunt zu sein, daß Marschall Titos oder Frau Nehrus politische Vorlieben vor dem Forum der Vereinten Nationen zum Ausdruck gekommen sind. Die internationale Organisation vereinigt souveräne Staaten, die häufig Parteilichkeit, ja sogar Zynismus — Kennzeichen kaltblütiger Raubtiere — an den Tag legen. Nicht unerklärlich, aber doch geheimnisvoll bleibt, warum die Sowjetunion, Indien, Jugoslawien sich — im Gegensatz zu den kanadischen Diplomaten —, unfähig zeigten, den Ablauf der Ereignisse von der Schließung des Golfs von Akaba bis zum israelischen Angriff am 5. Juli

[1] 27. Oktober 1967.

131

vorherzusehen. Denn die Blockade der Meerenge von Tiran machte einen Krieg, den die gewöhnlich ihren Pazifismus beteuernde indische Regierung mit allen Mitteln zu verhindern verpflichtet war. Die sowjet-russische Führung mußte eine solche Eventualität ebenfalls fürchten, da sie ja im Fall von Feindseligkeiten ein direktes Eingreifen ablehnte.

Worin bestand der Irrtum des Kremls? In der falschen Einschätzung der Krisendynamik oder des Kräfteverhältnisses? Das weiß ich nicht. Doch die Tatsache bleibt: Nachdem die sowjetische Außenpolitik Nasser augenscheinlich zu einem militärischen Kraftakt ermuntert hatte, um Israel von einer Strafaktion gegen Syrien abzuhalten, entglitt ihr die Kontrolle über die Ereignisse. Vor dem 5. Juni gab sie Nasser eine uneingeschränkte moralische Unterstützung, am Morgen des 5. Juni wurde der ›heiße Draht‹ eingeschaltet, Russen und Amerikaner tauschten vertraulich Neutralitätszusagen aus. Am nächsten Tag nahmen sie dann öffentlich die gegenseitigen Schmähungen wieder auf. Die russischen Vertreter begingen sogar den Irrtum, den Waffenstillstand durch ihre Forderung des vorherigen Rückzugs der israelischen Streitkräfte zu verzögern. Erst zwei Tage später schickten sie sich in die Annahme bedingungsloser Feuereinstellung, nachdem die offensichtlich gewordene arabische Niederlage ihnen den Vorteil eines Aufschubs für die Israelis gezeigt hatte.

Die gegenwärtigen Spielregeln der Diplomatie, eine Mischung aus ideologischer Propaganda und einem begrenzten und geheimen Einvernehmen zwischen den beiden Großmächten, erklären die Haltung der kleinen und großen Akteure. Aus einiger Distanz aber herrscht der Eindruck des Absurden vor. Die gleichen Sowjetführer, die Nasser, als er den *casus belli* schuf, nicht im Stich lassen konnten, wollten in der Stunde der Wahrheit nicht das geringste Risiko eingehen. Den gleichen jugoslawischen und indischen Verantwortlichen, die soviel Sympathien für den arabischen Standpunkt hatten, fehlte es an Scharfsinn oder Mut zum Eingreifen, solange die Sprache der Waffen noch nicht die Sprache der Vernunft erstickt hatte. Vielleicht handeln Staaten immer nur aus eigenem Interesse, aber es ist nur zu gewiß, daß sie ihre Interessen nicht immer richtig zu beurteilen wissen.

Es wäre eine Hilfe für die VAR gewesen, hätte Marschall Tito dem Generalsekretär der Vereinten Nationen empfohlen, seine Verbände nicht sofort zurückzuziehen, oder wenn er Nasser von dem unheilvollen Entschluß der Blockade der Meerenge von Tiran abgeraten hätte. Aber nachdem er im Frühjahr dieselbe Verblendung oder Unwissenheit wie alle anderen Akteure an den Tag gelegt hatte, übernahm er im Laufe des Sommers eine neue, eher possenhafte als dramatische Rolle – ohne Verhandlungen mit den israelischen Staatsmännern im Vorderen Orient Frieden zu stiften.

Vor den Vereinten Nationen soll die gleiche Komödie, die den Zusammenstoß hervorrief, nochmals aufgeführt werden. Vertreter zahlreicher Staaten machen sich die arabischen Thesen zu eigen, ohne nach wirksamen Aktionsmitteln zu fragen. Allein Gespräche hinter den Kulissen üben einen gewissen Einfluß aus. Die Sowjetrussen zeigen sich ungeduldiger als die Amerikaner, eine Lösung zu erreichen, die zur Wiedereröffnung des Suezkanals führt (den die für Nordvietnam bestimmten Ladungen passiert haben), aber sie vermögen weder den ägyptischen Staatschef zur Kapitulation zu bewegen noch die Amerikaner zu überreden, von Israel Zugeständnisse zu erzwingen. Von der Sowjetunion abgesehen, trifft die Schließung des Kanals Briten und Ägypter am härtesten. Aber diesmal wollen die Israelis, allen Terrordrohungen zum Trotz, keinen Waffenstillstand, sondern Frieden. Und der Frieden setzt, über unmittelbare Verhandlungen zwischen Israel und seinen Nachbarn hinaus, von allen Beteiligten anerkannte Grenzen und einen langfristigen Plan voraus, der den palästinensischen Flüchtlingen eine wirkliche Hoffnung bringen müßte.

Schmähungen gegen Israel, Verteidigung der arabischen Thesen, Forderung nach Zurückführung der israelischen Streitkräfte auf ihre Ausgangsstellungen vor dem 5. Juni: Niemand kann verkennen, daß all dies der Pseudodiplomatie angehört, wie sie sich im internationalen Pseudoparlament entfaltet. Was wird hinter den Kulissen geschehen? Vom 16. Mai bis 5. Juni spielten die Freunde der Araber ein verwegenes Spiel mit verkehrten Fronten. Sie schufen eine Lage, in der die Israelis mit der Eröffnung der Feindseligkeiten breite Zustimmung der Bevölkerung selbst in Ländern fanden, deren Regierungen sie als Angreifer bezichtigten. Wer dient heute den wirklichen und beständigen Interessen Israels am besten, wer auf die Bewahrung des *status quo* aus ist oder wer im Verborgenen eine wenn auch provisorische Lösung anstrebt?

Soweit sich die Zukunft vorhersehen läßt, ist es unwahrscheinlich, daß die arabischen Staaten eine vierte Kraftprobe im Stil und mit den Waffen von 1948, 1956 und 1967 versuchen. Panzer, Flugzeuge, Wüste, moderne Waffen und Schlachtfelder sichern dem Staat mit der modernen Zivilisation einen entscheidenden Vorteil. Ob die Grenze zwischen Israel und Jordanien am Jordan oder anderswo verläuft, ist kaum von Bedeutung. Die Gefahr für Israels künftige Existenz bildet die arabische Minderheit, eine unassimilierbare und vielleicht bald aufständische Minderheit, im Innern des Staates.

Israel kann den Arabern die Staatsbürgerschaft nicht verweigern, ohne seine Grundsätze zu verraten; es kann sie ihnen nicht zugestehen, ohne sich selbst als hebräische Nation zu gefährden, — ein um so unerträglicherer Widerspruch, als die arabische Minderheit sich stetig vermehrt. Werden die Israelis und ihre Freunde ebenfalls das Spiel mit umgekehrten Vorzeichen spielen müssen?

DRITTER TEIL

VOR DER KRISE

Die Juden[1]

Soll man darüber sprechen? Vor einigen Wochen bedeckten ge-
zeichnete oder gemalte Hakenkreuze, wie von einem Zauberstab
hervorgelockt, an allen Ecken und Enden Europas die Mauern.
Jüdische Friedhöfe und Synagogen wurden geschändet. Als Antwort darauf gab es mehr und mehr entrüstete Proteste vonseiten
der Regierungen, der Presse, der antirassistischen Vereinigungen. Aber bald gerieten die Zwischenfälle in Vergessenheit, und
von neuem herrschte das lastende Schweigen des schlechten Ge-
wissens.
Für einen Juden ist es fast so schwierig wie für einen Nichtjuden,
sich dazu freimütig zu äußern. Als ungläubiger, dem Judentum
mehr oder weniger entfremdeter Jude läuft er Gefahr, seine dem
Gesetz treu gebliebenen »Glaubensgenossen« zu verletzen. Als
Nichtzionist erweckt er abwechselnd den Verdacht eines Über-
maßes oder Mangels pro-israelischer Gefühle. Die Nichtjuden
lähmt dagegen die Ausrottung von sechs Millionen Juden durch
Hitler. Das Ereignis selbst — die industrielle Organisation der
Ermordung von Millionen wehrloser Menschen — hat im Bewußtsein eine Art Trauma hinterlassen. Jeder anständige Mensch
lehnt innerlich auch die geringste Mitverantwortung an einer

[1] Veröffentlicht in ›Réalités‹, September 1960.

solchen Monströsität ab. Niemand wagt es, anderen oder sich selbst einen Salon-Antisemitismus einzugestehen. Selbst die Anhänger von Charlas Maurras haben einige Hemmungen, die Doktrin des Meisters darzulegen. Juden wie Nichtjuden verdrängen die mit allzuviel Emotionen belastete Erinnerung und befreien sich davon durch Ablenkung.

Ich habe keineswegs den Ehrgeiz, auf wenigen Seiten Vergangenheit und Gegenwart sowohl der Juden als auch der Antisemiten zu behandeln. Als engagierter Soziologe möchte ich nur die gegenwärtige Lage prüfen. Ich sage »engagierter Soziologe« und möchte tatsächlich an diesen beiden Wörtern festhalten. Als Professor, Journalist oder Schriftsteller gehöre ich zu denen, die das Wort »ich« nicht lieben und es sowenig wie möglich benutzen. Mein Leben, meine innersten Gedanken gehen niemanden etwas an. Dagegen fühle ich mich verantwortlich für meine Vorlesungen oder Schriften, für Tatbestände, die ich beobachte, und Ideen, die ich verteidige. Darüber oder darunter erstreckt sich ein verborgenes und behütetes Gebiet. Stehen aber die Juden und ihr Schicksal zur Debatte, könnte ich nicht ohne Heuchelei die Objektivität des reinen Zuschauers bekunden. Es ist besser, wenn ich von vornherein sage, wer ich bin. Der Leser wird dann mit Sachkenntnis beurteilen können, ob das Engagement des Menschen die Perspektiven des Soziologen verzerrt.

Ich gehöre einer jüdischen, aus Lothringen stammenden Familie an. Bereits meine Eltern praktizierten weder ihre Religion noch waren sie gläubig. Ich habe kaum religiöse Unterweisung erhalten, an den Fingern der Hand könnte ich aufzählen, wie oft ich in meiner Kindheit in den Tempel geführt wurde. Mir wurde französische Kultur ohne eine sichtbare Beimengung jüdischer Überlieferung vermittelt. Mehr noch: das Christentum war für mich *die* Religion, die Religion, die Philosophen mir bei meiner leidenschaftlichen Lektüre offenbarten und auf die ich beim Versuch, die Rechte und Forderungen der Vernunft zu definieren, bezugnahm. Ich gehöre also zu jenen Juden, die Sartre in seinem Essay für besonders typisch hält: die Juden sind, weil die Umwelt sie als solche bezeichnet, die ihr Judentum zwar aus Würde hinnehmen, aber es nicht spontan empfinden.

Dennoch ist es notwendig, darüber nachzudenken. Insofern ich die jüdische Gemeinschaft verlassen habe und mich als »Franzose wie alle anderen« fühle, ohne Verbindung zu meinen »Glaubensgenossen«, könnte ich das mich zum Juden stempelnde Urteil der Gesellschaft verwerfen. Ich hätte Unrecht, denn die Gemeinschaft, der meine Großeltern noch angehörten, bleibt mir sehr nahe. Welcher Art diese Gemeinschaft ist, ließe sich noch näher untersuchen, aber ich muß anerkennen, daß ich »jüdischer Herkunft« bin, selbst wenn ich mich weigere, von »jüdischer Religion« zu sprechen. Es versteht sich von selbst, daß seit Hitlers Machtergreifung 1933 ein selbst dem Glauben seiner Väter gänzlich abgewandter Jude nicht umhin konnte, auf einer Zugehörigkeit zu bestehen, die nicht mehr ungefährlich war.

Als »entjudaisierter« oder »assimilierter« Jude — um mich dieser banalen Ausdrücke zu bedienen — schließe ich die theologischen Deutungen des jüdischen Schicksals nicht aus, aber ich mache sie mir auch nicht zu eigen. Dies Schicksal erscheint mir vom Standpunkt des Historikers nicht unerklärbarer als das jedes anderen Volkes. Wozu bedarf es der Berufung auf Gottes Zorn oder seine Güte, um das Überleben einer ihrem einzigen Gott und seinem Gesetz leidenschaftlich ergebenden Gemeinschaft oder die Verfolgungen zu erklären, mit denen die Verleugner von Christi Göttlichkeit überzogen wurden? Die theologischen Deutungen schließen die historischen nicht aus, sie liegen nur auf einer der Vernunft unzugänglichen Ebene.

Dennoch ist die Theologie verpflichtet, um ihrer eigenen Sache willen keine Tatsachen zu erfinden. Die noch vor Christi Erscheinen entstandene *Diaspora* kann nicht begriffen werden als göttliche Strafe für das Verhalten der Juden (welcher Juden?) jenem

gegenüber, den die Christen als Gottessohn verehren. Ebensowenig setzte die Zerstörung des Tempels durch Titus das Ende
der jüdischen Gemeinde in Palästina.

Die Christen sehen — selbst wenn sie, wie Jacques Maritain, den
Juden größte Zuneigung entgegenbringen — in den Leiden des
Auserwählten Volkes einen Sinn. Doch der Soziologe kann nicht
umhin, dabei einigen trübsinnigen Gedanken nachzuhängen.
Wenn die Leiden der Juden einem überirdischen Willen entsprechen, wären die Menschen dann nicht versucht, an der Erfüllung
dieses göttlichen Willens mitzuwirken — ganz ähnlich wie die
Marxisten gern der Verwirklichung des geschichtlichen Gesetzes
ein wenig nachhelfen möchten?

Weder Rasse noch Volk

Wer sind die Bloch, Isaac, Cohen, Levy oder Aron, die, an ihrem
Namen erkenntlich, sich Juden wissen, weil sie die einzigartige
Geschichte ihrer Vorfahren kennengelernt haben: jener Menschen, die man einmal als Rasse und ein andermal als Volk bezeichnet und die im strengen Sinn des Begriffs weder eine Rasse
noch ein Volk sind?

Die Juden sind keine Rasse. Die Anthropologen — mit Hilfe von
Schädelmessungen, Blutgruppenanalysen, Untersuchungen objektiv feststellbarer physischer Merkmale — sind fast einmütig
in diesem Punkt. Die über die ganze Welt verstreuten Juden
haben keine Homogenität. Im übrigen genügt ein Aufenthalt
in Israel, um festzustellen, daß die aus dem Irak stammenden
Juden den irakischen Mohammedanern weit mehr ähneln als den
aus Rußland oder Frankreich eingewanderten Juden. In Beer-
scheba begegnete ich einer Gruppe aus Indien kommender Juden, die von Hindus nicht zu unterscheiden waren. Niemand
hätte sie mit den frommen Alten aus den polnischen Dörfern

mit ihren Schläfenlocken verwechselt oder mit den strammen Burschen — starke Schenkel, blonde Haare, blaue Augen —, die ich in den Grenz-Kibbutzim am Traktor und mit der Maschinenpistole im Arm sah.

Die Geschichte bestätigt gegenwärtige Beobachtungen. Die Mehrzahl der heutigen Juden stammt nicht von palästinensischen Juden ab, die, nach der Zerstörung des Königreichs Jerusalem, sich über die Welt ausbreiteten. In den letzten Jahrhunderten vor Christus, in den ersten Jahrhunderten unserer Zeitrechnung entfalteten sich die jüdischen Gemeinden — Neubekehrte wie aus Judäa gebürtige Auswanderer — rings um das Mittelmeerbecken. Im zweiten und dritten Jahrhundert unserer Zeitrechnung waren Judentum und Christentum ebenso verwandte wie sich bekämpfende bekehrungseifrige Religionen. Die zum Judentum übergetretenen Gallo-Romanen unterschieden sich rassisch nicht von den zum Christentum übergetretenen. Und ich glaube, daß Léon Poliakovs Scherzwort, so überraschend es manchen erscheinen mag, nicht falsch ist. Die fast legendäre Formel von »unseren gallischen Vorfahren« kann mit der gleichen Berechtigung von jungen französischen Juden und Christen rezitiert werden. Die Abstammung dieser Juden ist europäisch, nicht semitisch.

Die Juden sind aber auch kein »Volk wie die anderen«. Während zwei Jahrtausenden, zwischen der Zerstörung des Königreichs Jerusalem und der Schaffung Israels, waren sie politisch nicht organisiert, besaßen sie keinen Staat. Dennoch verschmolzen sie nie — ungeachtet des unterschiedlichen Loses, das ihnen die Umwelt bereitete — mit der Bevölkerung, in deren Schoß sie lebten. Der Begriff der jüdischen Gemeinde deutet auf das außerordentliche Schicksal hin: die Juden hatten ihre Religion, ihren Glauben, ihre Sitten, bisweilen ihre eigene Sprache (das Jiddische) und Kultur. Volk ohne Staat, einer Religion verpflichtet, die das gesamte Dasein bestimmte, wurden sie abwechselnd geduldet oder verjagt, verfolgt oder geachtet. Nahm man sie auf, schienen sie manchmal im Begriff, ihre Eigenheiten zu verlieren und in fremden Völkern aufzugehen. Dann wieder entwickelten sie, von der Umwelt verstoßen, im Getto einen eigenen Glaubens- und Lebensstil.

Die Lage der Juden änderte sich je nach den Epochen und Kulturen. Betrachten wir allein die Verhältnisse in der christlichen Welt. Kann man bezweifeln — ohne die zwischen Historikern noch ausgetragene Debatte über einen vor Christus bestehenden Antisemitismus entscheiden zu wollen —, daß die Judenfrage in ihrer modernen europäischen Form einem Antisemitismus entspringt, der sich in einer vom Christentum geprägten Gesellschaft entwickelt hat?

In einer Hinsicht dürfen Christen keine Antisemiten sein, in einer anderen neigen sie dazu, es zu sein. Christus wurde inmitten des hebräischen Volkes geboren. Vom religiösen Standpunkt aus — Päpste haben es verkündet — sind die Christen Semiten; der sich auf ein rassisches Konzept gründende, das jüdische Volk für biologisch minderwertig haltende Antisemitismus ist mit der Zugehörigkeit zu einer christlichen Kirche unvereinbar. Aber von einem anderen Standpunkt aus betrachtet, haben die dem Alten Testament treu gebliebenen Juden den Messias, dessen Kommen die Propheten verkündet hatten, nicht anerkannt. So wird das jüdische Volk, dem Christus entstammt, das gottesmörderische, an sich schuldige Volk. Und das ihn treffende Unglück, die Tempelzerstörung, die Verstreuung werden von zahlreichen Kirchenvätern als göttliche Strafe für das unsühnbare Verbrechen gedeutet.

Die Historiker leugnen die Verantwortung des jüdischen Volkes für die Kreuzigung. Zu diesem Thema sollte man das Buch von Jules Isaac ›Jésus et Israel‹ [1] lesen und über einige Thesen des Autors nachdenken: »Aber überall, wo Jesus weilte — außer

---

[1] Jules Isaac, Jesus und Israel. Deutsche Übersetzung, Wien-Zürich 1968.

wenigen Ausnahmen – bereitete ihm das jüdische Volk einen begeisterten Empfang, wie uns die Evangelisten berichten . . . Jedenfalls kann man nicht behaupten, daß das jüdische Volk Christus, den Erlöser, zurückgewiesen habe, daß es den Sohn Gottes ablehnte, bevor man nicht bewiesen hat, daß Jesus sich als solcher dem jüdischen Volk ›in seiner Masse‹ gezeigt hat und daß er von diesem als solcher zurückgestoßen wurde . . . Man behauptet, Christus hätte das jüdische Volk zum Zerfall verurteilt. Aber warum hätte er, damit sein Evangelium der Liebe und des Verzeihens Lüge strafend, sein Volk verdammen sollen, das einzige Volk, in dem er neben erbitterten Feinden auch begeisterte Jünger und Anhänger gefunden hatte? Man kann hier mit Recht annehmen, daß der gemeinte Verdammte der wahrhaft Schuldige ist, nämlich ein gewisses Pharisäertum, das es zu allen Zeiten, bei allen Völkern, in allen Religionsgemeinschaften und in allen Kirchen gegeben hat.« Ich möchte an einen von Jules Isaac zitierten Satz Péguys erinnern: »Nicht die Juden haben Jesus Christus getötet, sondern unser aller Sünden; und die Juden waren, wie alle anderen, nichts als ein Werkzeug an der Quelle des Heils.« Natürlich weiß ich, daß manche christlichen Theologen oder Historiker Jules Isaacs Thesen kritisch betrachten. Insbesondere ist es mir bewußt, daß vom Standpunkt eines Christen, nähme er selbst alle Sätze Isaacs an, die Tatsache bestehen bleibt, daß »gläubige« Juden »Ungläubige« sind, die Christi Göttlichkeit leugnen. Selbst wenn die »Lehre der Verachtung« ein Ende fände, blieben gläubige Christen und Juden Gegner, da die einen das Neue Testament verwerfen, das in den Augen der andern das Versprechen des Alten Testaments erfüllt.

Was hat der historisch-theologische Streit mit der jüdischen Frage von heute gemein? So mag mancher skeptische Leser denken. Hitler vereinigte Juden und Christen im gleichen Haß. Hätte er den Krieg gewonnen, dann hätte sich sein Kampf, nach der Ausrottung der Juden, gegen die christliche, vor allem die

katholische Kirche entfaltet. Der kleine Geschäftsmann, der die
Juden verabscheute, weil er sie mit den Warenhausbesitzern
identifizierte, dachte nicht an die Leiden Christi und das gottesmörderische Volk. Ich verkenne keineswegs die psychologische
und historische Distanz, welche die jüdisch-christliche Rivalität
am Ende des Römischen Reichs von den gegenwärtigen gesellschaftlichen Konflikten trennt. Aber wer den religiösen Gegensatz außerachtläßt, vermag nicht zu verstehen, warum und auf
welche Weise die Juden in vielen Jahrhunderten zum Sündenbock
christlicher Gesellschaften geworden sind, verantwortlich für
alles Unglück und im voraus bestimmtes Objekt für Rache- und
Sühnegelüste. Die ersten urkundlich aufgezeichneten Pogrome
fanden 1096 statt, einige Monate nachdem Papst Urban II. vor
dem Konzil von Clermont-Ferrand den ersten Kreuzzug gepre-
digt hatte. In diesem Falle ist der religiöse Ursprung des Antisemitismus offenkundig. Als die von der Liebe Christi beflügelten
Kreuzfahrer jüdische Männer, Frauen und Kinder ermordeten,
die in die Taufe nicht einwilligten, taten sie es weder aus Rache-
gefühl noch aus Raubgier. Sie zogen aus, um Gottes Feinde im
Orient zu bekämpfen: wie hätten sie »eine mehr als jede andere
gotteslästerliche Rasse« verschonen sollen? Doch bereits im Augenblick der blutigsten Gemetzel von Speyer, Worms, Mainz
suchten und erhielten die Juden häufig den Schutz der Bischöfe
vor den Kreuzfahrern, die als Christen im Auftrage göttlichen
Zorns wider das verstoßene Volk zu handeln glaubten.
Der Wettstreit zwischen den Religionen rief das seltsame Schicksal hervor, das den Juden im Laufe der Jahrhunderte widerfuhr.
Dies wirkte seinerseits auf die jüdischen Gemeinden, auf Leben
und Denken der Juden zurück. Starrsinnig dem Gesetz verbunden, in um so größerer Treue, als die vorhandenen Gesellschafts-
ordnungen sie verurteilten oder verachteten, waren die Juden
unbeugsame Monotheisten, des Bundes zwischen Gott und seinem Volk gewiß, sowohl national als universal und unfähig

— ihres Glaubens, mehr noch der christlichen Haltung wegen —, ihre Wesensart, die Quelle ihres Stolzes wie ihres Unglücks, aufzugeben.

Von diesen Anfängen her entfaltet sich die Dialektik der »jüdischen Situation« und des »jüdischen Seins«, die Philo- und Antisemiten unaufhörlich, wenn auch in entgegengesetzten Begriffen, erläutern. Die Juden der Stadtgemeinden, die Gettojuden, denen der Bodenbesitz oder das Waffenhandwerk versagt waren, besitzen notwendig einige gesellschaftliche und pyschologische Kennzeichen, die sie von anderen Völkern unterscheiden. Aber sind sie, was sie sind — Unruhige, Kritiker, Verbitterte, Händler, Sucher des Absoluten, Revolutionäre, Geldgierige, Musiker und was weiß ich —, dank der Bedingungen, die ihnen während so vieler Jahrhunderte auferlegt wurden, oder ihrer Erbanlage wegen, die sie für gewisse Tätigkeiten begabt machte, mit gewissen Eigenschaften versah, mit gewissen Fehlern heimsuchte?

Zwischen dem Großrabbiner, dem Hofjuden und dem kleinen Rabbi oder Händler gab es einen fast so großen Abstand wie zwischen dem Armen und Reichen, dem Bauern und Lehnsherrn im Schoße der christlichen Bevölkerung. Kann man einige gemeinsame Charakterzüge bei Hofjuden und Dorfrabbis, bei Juden aus dem Irak und aus Avignon erkennen, die den Alltagsvorstellungen vom jüdischen Charakter, vom einheitlichen Wesen des jüdischen Volkes eine Art Grundlage gäben? Vielleicht sind solche gemeinsame Kennzeichen nicht nur in unserer Einbildung vorhanden. Jedenfalls ermöglichen mehrere Umstände sich darüber Klarheit zu verschaffen, ohne gleich die letzten Geheimnisse der Geschichte zu durchdringen oder an Wunder zu glauben.

Die Juden verdankten ihre Geschlossenheit, ihre Fähigkeit zu überleben, gleichermaßen der Unbeugsamkeit ihres Glaubens an einen einzigen Gott und der fast ununterbrochenen Feindseligkeit, der beständigen Gegnerschaft ihrer Umwelt. Die Kultur der jüdischen Gemeinschaften wurde nachhaltig von der Kultur jener Nationen beeinflußt, in deren Mitte sie lebten. Aber dennoch war ihr Geist von der Bibellektüre, den Talmudkommentaren, der auf Glauben und Überlieferung beruhenden Bildung geprägt. Später wurde dem schöpferischen Geist eines Volkes zugeschrieben, was vielfache Umstände hervorgebracht und bewahrt hatten.

Indes muß man sich hüten, die These zu überspannen. Vielleicht sind die Erbanlagen nicht einheitlich über das ganze Menschengeschlecht verbreitet. Die Juden — so äußern sich manche — besitzen eine besondere Begabung für metaphysische Spekulation, Mathematik, Handel; sie haben kein Talent für das Waffenhandwerk, die Landwirtschaft oder intuitive Schöpfungen. Offensichtlich soll das nicht heißen, alle Juden seien durch diese Gaben oder das Fehlen dieser Gaben ausgezeichnet. Man will damit sagen oder sollte damit sagen, daß die Zahl der für dies oder jenes Begabten unter Juden verhältnismäßig höher ist als unter Nichtjuden. Eine solche schwer beweisbare Hypothese wird von den Tatsachen nicht gestützt, sie wird von ihnen aber auch nicht widerlegt. Angenommen, die sogenannten jüdischen Anlagen seien teilweise erblich, dann schuldet der sichtbare Ausdruck dieser Erblichkeit sehr viel den gesellschaftlichen Bedingungen, in denen die Juden gelebt haben, wie den Ideen und Sitten, die geschichtlich entstanden und sich befestigten. Bis zu welchem Grade verlieren nun die Juden, nachdem sie gleichberechtigte Bürger geworden sind, die Eigenheiten, auf die sie bisweilen stolz sind und welche die Nichtjuden ihnen abwechselnd zugutehalten oder vorwerfen?

Damit kommen wir zur gegenwärtigen Lage. Am Ende eines mehr oder weniger vollständigen geschichtlichen Befreiungsaktes, der für die Gesamtheit Europas etwa ein Jahrhundert, im östlichen Teil des Kontinents wesentlich länger anhielt, brach der Schrecken Hitlers über alle orthodoxen und ungläubigen, dem Glauben der Väter treuen oder ihm ganz abgewandten Juden herein. Von den 3,5 Millionen Juden, die vor dem Krieg in Polen lebten, waren 1945 weniger als 10000 übrig. Als Hitler die Macht in Deutschland ergriff, lebten dort ungefähr 800000 Juden, von denen viele vor 1939 auswanderten. Heute zählt die Bundesrepublik 20000 bis 30000 in ihren Grenzen. Die seit vielen Jahrhunderten in Holland niedergelassenen jüdischen Gemeinden — ein fester Bestandteil der Nation bei Bewahrung ihrer Eigenart — wurden vollständig ausgerottet. Ungefähr ein Drittel der 1940 in Frankreich wohnhaften Juden kam um.

Ost und West vor dem Israel-Problem

Auf die jüdische Einwanderung in Palästina und die Ereignisse, die das Ende des britischen Mandats bewirkten, folgte im Jahre 1948 die Gründung des Staats Israel. Von nun an kennt das Judentum drei Schwerpunkte: den unabhängigen Staat Israel, grundsätzlich für alle Juden der Diaspora geöffnet, die sich im Heiligen Land niederlassen wollen, die Vereinigten Staaten mit etwa fünf Millionen und die Sowjetunion mit etwa drei Millionen Juden.

Heute muß jeder Jude durch eine zweifache Stellungnahme sich selbst bestimmen: sowohl seiner Religion und Tradition als auch Israel gegenüber. Denn die Existenz Israels hat dem jüdischen Problem, weit davon entfernt es zu lösen — sofern es überhaupt eine Lösung dafür gibt —, eine zusätzliche Dimension verliehen. In der Tat erhält dem Gesetz nach ein Franzose jüdischen Glaubens die ungeteilte Staatsbürgerschaft, während er gleichzeitig der Synagoge seine Treue bewahrt. Jeder von uns hat ein Vaterland *und* eine Religion, aber niemand kann zwei Vaterländer haben. Der Israel seine politische Loyalität bezeugende Jude ist verpflichtet, seine Haltung mit seinen Gefühlen in Einklang zu bringen, das heißt ins Heilige Land auszuwandern. Verstehen wir uns recht: es ist verständlich, vielleicht sogar unvermeidlich, daß die Mehrzahl der Juden für das Werk ihrer »Glaubensgenossen« in Israel Zuneigung, Bewunderung, Ehrfurcht empfindet. Es wäre überraschend — um die Wahrheit zu sagen, ein wenig anstößig —, wenn es anders zuginge. Ich fühle mich sehr fern von jenen europäischen Juden (es gibt sie), die im Grunde Israel beschuldigen, möglichen Verfolgern in Zukunft ein neues Argument zu liefern.[1] Aber genauso fern sind mir die europäischen Juden, die keine israelischen Bürger werden wollen und sich dennoch für verpflichtet halten, unter allen Umständen die Partei Israels zu ergreifen. Da Frankreich sich in den letzten Jahren fast ständig im Konflikt mit der islamischen Welt befand, schuf diese sowohl Frankreich als auch Israel verpflichtete Doppel-Loyalität keinen Gewissenskonflikt. Ich kenne freilich einen französischen Journalisten jüdischen Ursprungs, dem seine Chefredaktion zum Vorwurf machte, daß er den Sinaifeldzug und die französisch-englische Suezexpedition ablehnte: Sie als Jude überlassen uns die Aufgabe, Israel zu rechtfertigen! Darauf hätte ich geantwortet: Die Staatsbürgerschaft ist unteilbar. Ich fühle mich keineswegs verpflichtet, jede Entscheidung der israelischen Diplomatie zu billigen.

Dagegen scheint mir das Verlangen eines Franzosen jüdischen Ursprungs berechtigt zu sein, seinen Glauben und jene Bestandteile der überlieferten Kultur, denen er verbunden ist, zu bewahren. Warum sollte der Jude nur dann ein guter Franzose oder Engländer sein, wenn er auf dem Wege der Assimilation die Glaubenssätze und Gebräuche seiner Väter verliert? Diese als Preis für die Staatsbürgerschaft verstandene Selbstentäußerung wird nur von unverhüllten oder schamhaften Verfechtern einer totalitären Doktrin gefordert. Wir werden sehen, daß in der

---

[1] Es lag kein besonderes Verdienst darin, diese Vorhersage zu machen.

Sowjetunion die Existenz des Juden an sich schon ein Angriff auf den Staat zu sein scheint. Nichts dergleichen in der demokratischen Gesellschaft des Westens.

Im übrigen vollzog sich die Preisgabe des Judentums im Laufe der liberalen Epoche schneller, als orthodoxe oder selbst weniger orthodoxe Gläubige es gewünscht hatten. In Frankreich, Deutschland, Österreich, Ungarn nahmen die Juden einen tätigen, oftmals überragenden Anteil am geistigen Leben, an den Schöpfungen von Wissenschaft und Kunst. Ihr Beitrag sollte als uneingeschränkt national gelten, das heißt in Frankreich französisch, in Deutschland deutsch. Als der Erste Weltkrieg ausbrach, empfanden sich Frankreichs Juden als Franzosen, Deutschlands Juden als Deutsche, lange bevor sie eine angebliche jüdische Gemeinschaft spürten. Nach 1933 habe ich Juden gekannt, die in den vor Hitler fliehenden Emigranten in erster Linie Deutsche sahen. Wenn man mich persönlich fragt, welchen Schluß ich aus dem Experiment des liberalen Zeitalters ziehe, würde ich nicht zögern zu sagen: Ich gelange zu einem der üblichen Ansicht genau entgegengesetzten Ergebnis. Die jüdischen Gemeinden hätten diesem Experiment auf lange Sicht nicht widerstehen können. Gewiß hätten manche Juden ihren Glauben und ihre religiösen Gebräuche bewahrt und wären der Bibel und den Talmudkommentaren treu geblieben. Aber die Mehrzahl wäre zum rationalen und kritischen Denken hinübergezogen worden.

In wachsender Unkenntnis der eigentlichen judaischen Überlieferung hätten sie sich immer weniger von ihren Landsleuten unterschieden, zumindest von denen gleicher gesellschaftlicher Stellung und gleichen Berufes. Man macht es sich zu einfach, wenn man Léon Blum den bretonischen oder pikardischen Bauern gegenüberstellt: ähnelt Barrès etwa einem lothringischen Bauern? Die Juden können »Franzosen wie alle anderen« oder »Deutsche wie alle anderen« werden, genauso wie sie in Israel als Ganzes eine Nation wie alle anderen geworden sind.

Israel ist ein demokratischer Staat und eine weltliche Nation [1], von Menschen erschaffen, die mehr an die Bibel als an Gott glaubten. Die erste aus Rußland und Polen stammende Generation israelischer Pioniere verhielt sich zum Antisemitismus ihrer Umwelt wie moderne Nationalisten und nicht — nach Arnold Toynbees Ideen — wie Nachfahren der altsyrischen Zivilisation. Sie verlangte nach einem Vaterland, weil die Bevölkerung, in deren Mitte sie lebte, ihr verwehrte, was die meisten ersehnten: den Besitz eines Vaterlandes, auf dessen Boden sie wohnen, einer Sprache, die sie alle gebrauchen.

Als nicht-theokratischer Staat, den eine Religion verbindet, als ein augenscheinlich religiöser Staat, dessen Begründer nicht alle an Gott glaubten, bleibt Israel ein ständiges Paradoxon. Ist der Wiederaufbau des Tempels eine Etappe in der Religionsgeschichte, ein Nachweis, daß Gott sein Volk nicht verläßt und die Prophezeiung sich erfüllt? Vielfach wissen Orthodoxe nicht, welchen Sinn sie dem Staat Israel geben sollen, da dieser — ein Abschnitt in der weltlichen Geschichte — mit der Rückkehr nach Jerusalem weder das Ende der Geschichte noch das Heil einer endlich vereinten Menschheit ankündigt. Daher zeigen manche von ihnen einige Zurückhaltung gegenüber Israel; besorgt um das geistige Schicksal des Judentums, befürchten sie die Entartung eines erhabenen Glaubens in politischen Fanatismus. Andere menschliche, allzumenschliche Gefühle mischen sich in dieses Zögern. Die häufige Beschuldigung, unfähig zum Kampf zu sein (in den ersten Jahrhunderten unserer Zeitrechnung, vor Konstantins Bekehrung zum Christentum, dienten zahlreiche Juden in den römischen Legionen) veranlaßt sie heute zu einigem Stolz angesichts der Leistungen der israelischen Armee. Ein israelischer Diplomat französischer Abstammung, mit dem ich in Jerusalem über die Haltung der alten Gläubigen gegenüber dem jungen

[1] Diese Definition entspricht nicht genau der Wirklichkeit: Ein Israeli darf in Israel keine Nichtjüdin heiraten (1967).

Staat sprach, erzählte mir eine Episode, deren Zeuge er selber während des Befreiungskrieges war. Juden mit Schläfenlocken, die einer die Staatsgründung ablehnenden Sekte angehörten, vergossen schließlich doch Freudentränen, als sie den ersten mit dem Davidstern geschmückten Panzer sahen. In der ganzen Welt schwanken so die Talmudgelehrten zwischen geistlicher Ablehnung und nationaler Begeisterung.

Die Entstehung des israelischen Staates hat bis jetzt die Lage der Juden in Westeuropa und den Vereinigten Staaten nicht fühlbar verändert. Israel rief in der französischen Öffentlichkeit Sympathien wach, die sich bisweilen auch auf Franzosen jüdischer Herkunft erstreckten. Die Erinnerung an das große Gemetzel verdrängt die offene Bekundung einer Feindseligkeit, nachdem sich gezeigt hat, zu welchem tragischen Ergebnis diese führen kann. Als René Mayer oder Mendès-France die Regierungsgeschicke übernahmen, war der Widerhall keineswegs dem entfesselten Protest vergleichbar, den der Regierungsantritt Léon Blums im Jahre 1936 auslöste. Unter der Unbeliebtheit, der gewöhnlich die Mitarbeiter eines bedeutenden Mannes nicht entgehen, hat auch Michel Debré zu leiden, aber niemand wirft ihm vor, daß er — was ohnehin kaum jemand weiß — der Enkel eines Rabbiners ist.

Die Juden der Vereinigten Staaten sind in ihrer Mehrheit Israel gegenüber freundlich eingestellt und spenden jedes Jahr freigebig Millionen Dollars. Eine Minderheit zeigt sich zurückhaltend oder feindselig, entweder aus religiöser Tradition oder aus Furcht vor den Folgen, die das Bestehen Israels für die Juden der Diaspora haben könnte. Noch geringer ist jene Mehrheit, die auf die amerikanische Staatsbürgerschaft verzichtete, um ins Heilige Land auszuwandern.

Dagegen wurden jenseits des Eisernen Vorhangs Israel und der Zionismus zu Schimpfwörtern. Täglich wird Israel als Vorposten des amerikanischen Imperialismus verurteilt, obwohl sich die

Sowjetunion 1948 beeilte, den neuen Staat anzuerkennen. Der Zionismus gilt an sich als reaktionär — als eine Form von Kosmopolitismus oder, ganz im Widerspruch dazu, von bürgerlichem Nationalismus. Getreu der ursprünglichen Doktrin des Bolschewismus und aller sozialistischen Richtungen (man hat das Schlagwort nicht vergessen, auf das sozialistische Kreise um die Jahrhundertwende sich gern beriefen: »Der Antisemitismus ist der Sozialismus der armen Leute«), bleibt der Antisemitismus offiziell verboten. In Gesprächen mit westlichen Vertretern haben sowjetische Verantwortliche mit Nachdruck betont, daß sie den Antisemitismus verabscheuen und bekämpfen. Über den Ärzte-Prozeß äußerte sich Chruschtschow selbst folgendermaßen: »Dieser Affäre gab man eine jüdisch-zionistische Färbung. Das war eine Machenschaft Berias. Man beschuldigte die Ärzte, in ihrer Eigenschaft als Zionisten, der amerikanischen Spionage, nachdem man damit angefangen hatte, sie der medizinischen Sabotage gegen Shdanow und andere anzuklagen. Das war eine Albernheit. Übrigens wurde Shdanow von keinem Juden, sondern von dem Arzt Jegorow behandelt.« Hinsichtlich Israels erklärte Chruschtschow: »Wir begünstigen die Reisen nach Israel nicht ... Wir sind dagegen, weil Israel von amerikanischen Reaktionären abhängt und es infolgedessen leicht ist, durch Israel Spionage und Provokateure einzuschleusen. Die Überbleibsel des Kalten Kriegs bestimmen unsere besondere Haltung gegenüber Israel. Wir hoffen, daß dies vorübergehend ist und diese Haltung verschwindet.«

Daraus würden sich drei Elemente sowjetischer Politik ergeben: offizielle Verurteilung des Antisemitismus, Bekundung von Antizionismus und Feindschaft gegenüber Israel, Eingeständnis der »antijüdischen« Tendenz, die Beria den Prozessen in der letzten Phase des Stalinismus gab. Wie verhält es sich damit in Wirklichkeit?

Eine Tatsache leugnet heute niemand mehr. Zwischen 1948 und

1953 wurden in der Sowjetunion Juden verfolgt, weil sie Juden waren, obwohl die Sprache der Machthaber sich dazu des Wortes »Zionist« bediente.

In Stalins letzten Lebensjahren »wurden Zehntausende von Juden entlassen, verhaftet, interniert ... die Verfolgungswelle erreichte ihren Höhepunkt nach dem im August 1952 stattgefundenen Geheimprozeß mit der Verhaftung der Kreml-Ärzte. Der für den 13. März 1953 anberaumte Ärzte-Prozeß sollte als Rechtfertigung für die von Stalin geplante Massendeportation der Juden nach Sibirien und den Polargebieten dienen.« (François Fejtö, ›Les Juifs et l'antisémitisme dans les pays communistes‹.)

Nach Léon Leneman (›La Tragédie des Juifs en U.R.S.S.‹) hätte Ilja Ehrenburg seine zynische und unheilvolle Laufbahn mit der Zeugenaussage im Prozeß gegen die Elite der jüdischen Intelligenz gekrönt.

Heute sind die Juden nicht mehr solchen Gefahren ausgesetzt, Berichten zufolge scheint ihre physische Sicherheit gewährleistet zu sein. Dennoch haben sie nicht das Gefühl, als Gleichberechtigte behandelt zu werden. Die Krise hat ihren Ursprung in dem einzigartigen Schicksal des Judentums, weder eine Religion wie die anderen noch ein Volk wie die anderen zu sein. Ich möchte mich auf einen Schriftsteller beziehen, der keiner Feindseligkeit gegenüber der Sowjetunion verdächtigt werden kann. Professor Hyman Levy, ein englischer Mathematiker, war lange Jahre ein strenggläubiger Kommunist und hat ein kleines Buch ›Jews and the National Question‹ geschrieben. In der Sowjetunion besitzen alle Bürger eine in den Paß eingetragene Volkszugehörigkeit. Die Juden — mögen sie in Moskau oder Kiew, in Charkow oder Tiflis, im Norden oder Süden, im Osten oder Westen wohnen — werden daher als Juden, nicht als Russen oder Ukrainer, Weißrussen oder Georgier bezeichnet. Die Juden bilden also in der Sowjetunion ein Volk, doch »nicht wie die anderen«, da sie verstreut inmitten der anderen Völker leben und über kein eigenes Territorium verfügen.

Die Sowjetführer haben sich, mehr oder weniger ernsthaft, eine territoriale Lösung ausgedacht, die in der sozialistischen Welt dem Staate Israel in der westlichen entsprochen hätte: das autonome Gebiet Birobidschan. Das Experiment schlug fehl. Im Schicksal des sowjetrussischen Judentums kommt dem autonomen Gebiet kaum eine Bedeutung zu.

Der grundlegende Widerspruch bleibt bestehen. Als verstreutes Volk ohne eigenes Territorium erhalten die Juden nicht die gleichen Rechte, ihre eigene Kultur und ihre Sprache frei wie die anderen Völker zu entwickeln. Die Sowjetbehörden behaupten, die Juden selber wollten von ihren Traditionen nichts mehr wissen. Aber dieser Behauptung widersprechen zahlreiche Zeugnisse: spontane Kundgebungen vor der israelischen Botschaft in Moskau, offizielle Propaganda gegen Zionismus und bürgerlichen Nationalismus. Die Juden der UdSSR beklagen sich heute ebensosehr über die ihrer Kultur auferlegten Einschränkungen wie über Diskriminierungen, die sie in allen Sowjetrepubliken erleiden müssen. Überall sind sie auf irgendeine Weise Fremde. Die Diskriminierung, die Praxis des *numerus clausus*, wechselt je nach Berufen, Umständen, Zeiträumen. Zweifellos wurde sie durch das Erstarken eigenen Bewußtseins bei zahlreichen Juden in der Sowjetunion hervorgerufen. Sollte die Auswanderung erlaubt werden, würden sich viele in Israel niederlassen. Der da und dort genannte Anteil, zum Beispiel 20 Prozent, beruht selbstverständlich auf reiner Spekulation.

Ich persönlich finde die Feindseligkeit des Sowjetregimes gegenüber Juden — ungeachtet der Bedeutung der Juden für die sozialistischen Ideen und Parteien — nicht erstaunlich. Ein totalitärer Staat, der den ganzen Menschen erfassen und einer ideologischen Disziplin unterwerfen will, ist gewissermaßen zum Kampf gegen diese seltsame Minderheit gezwungen, die ihrem

Glauben nicht abschwört und mit ihren »Glaubensgenossen« jenseits der Grenzen verbunden bleibt. In einem totalitären Staat bilden die Juden ein fremdes, kosmopolitisches Element, solange sie sich nicht in der Masse aufgelöst haben.

Über den Antisemitismus

Vor dem Krieg gab es in Bulgarien, der Tschechoslowakei, Ungarn, Polen, Rumänien fast fünf Millionen Juden. Am Ende des Kriegs zählte man dort nicht mehr als 680 000, im Jahre 1957 ungefähr 375 000. In Osteuropa ist die Schar der Überlebenden zutiefst gespalten: die Zionisten wollen auswandern (sofort nach dem Krieg siedelten sich fast alle bulgarischen Juden in Israel an); andere, begeisterte Anhänger des Kommunismus, erstreben die totale »Entjudaisierung«, die uneingeschränkte Assimilation; noch andere möchten Juden bleiben, ohne in dem Land, das sie als ihre Heimat betrachten, diskriminiert zu werden. In Polen wie in Ungarn gehörten einige Juden zu den härtesten und abscheulichsten Stalinisten, andere, besonders in Ungarn, standen 1956 in der vordersten Reihe der Revisionisten und der Revolution. Der im Volke lebendige Antisemitismus erinnerte sich vor allem der Rolle einiger Juden während der stalinistischen Exzesse. Ungeachtet der Anstrengungen des Regimes nahm der Antisemitismus in Polen seit 1956 zu.

Vielleicht wird der Leser mich hier unterbrechen: Was ist nun eigentlich der Antisemitismus, von dem Sie immerfort sprechen, ohne ihn je zu definieren? Darauf möchte ich zunächst indirekt antworten. Ein negatives Urteil über diese oder jene geistige oder moralische Eigenschaft der Juden reicht zur Definition des Antisemiten nicht aus. Öffne ich zum Beispiel André Siegfrieds kleinen Band ›La Voie d'Israël‹, so finde ich: »Der Jude ist auch pessimistisch, ganz besonders gegenüber jenen Gesellschaften, in deren Mitte das Los ihn verschlagen hat. Infolge einer Art geistiger Abgehobenheit versteht er sie mit dem kühlen Scharfblick eines Fremden zu beurteilen. Erinnern wir uns des bekannten Abschnitts von Barrès über Pico della Mirandola: »Der jüdische Verstand hat ein gemeinsames Kennzeichen, das ein jeder bei bemerkenswerten Israeliten seiner Bekanntschaft erkennen kann. Sie handhaben Ideen mit derselben Fertigkeit wie ein Bankier Wertpapiere. Ihre Ideen scheinen nicht ihre Begierden und die geheimsten Regungen ihres Wesens auszudrücken, sie erinnern an auf kalten Marmor hingeworfene Spielmarken.« Wir haben bereits dargelegt, daß der Jude bei der Kritik der Gesellschaft, in deren Schoß er lebt, sich nicht verhält wie seiner Mutter gegenüber. Man bemerkt darin etwas Unversöhnliches, Gnadenloses. Trotz alles gegensätzlichen Scheins ist er fast nie ein traditionsbewußter Konservativer, er ist in Wahrheit eher ein Revolutionär. Ist er konservativ eingestellt, mit Leidenschaft und nicht mehr auf dem kalten Marmor der Handelsbeziehungen, dann ist er es im Sinne seiner eigenen Tradition.« Kann man sagen, Bergson oder Simone Weil, Freud oder Einstein handhaben Ideen mit derselben Fertigkeit wie Bankiers ihre Wertpapiere? Muß man Disraeli entweder aus dem Konservatismus oder aus dem Judentum ausschließen? Dennoch wird niemand André Siegfried des Antisemitismus verdächtigen können. Der Entwurf eines »moralischen Porträts des Juden« ist durchaus berechtigt, ungeachtet der Gefahr, der eine unbestimmte Psychologie ausgesetzt ist, wenn sie auf die Ebene des Allgemeinverständlichen abgleitet. Zwangsläufig wird das Porträt mißliebige Züge enthalten; je nach der Einstellung des Malers mehr oder weniger zahlreiche, mehr oder weniger mißliebige.

Ich werde auch jene z. T. jüdischen Autoren wie Arnold Toynbee oder Simone Weil, die das Wesen des jüdischen Volkes, seiner Religion und Kultur, auf ihre Art deuten, nicht antisemitisch nennen. Als Fossilien der altsyrischen Zivilisation hätten die

Juden, nach Arnold Toynbees Worten, seit etwa zweitausend Jahren nichts anderes als einen politisch-religiösen Fanatismus hervorgebracht. Simone Weil verwies sie gleichfalls auf einen schlechten Platz, an die Seite der erobernden Römer, der Staatsraison und des Totalitarismus. Selbst F. Fejtö, der sich vom Kommunismus abgewandt hat, schreibt: »Alle unsere modernen Nationalismen sind »jüdisch« in ihrer Borniertheit, Starrsinnigkeit und der Unfähigkeit, wirklich einer übernationalen Idee sich anzuschließen.« Der Verfasser fügt hinzu, »die Juden sind die ›Extremisten‹ der Christenheit . . . Ihre Hände sind leer, sie glauben an nichts, nichts. Sie sind wie aufgesaugt vom Absoluten.« In aller Bescheidenheit muß ich gestehen, daß mir weder diese allzu große Ehre noch diese Unwürdigkeit gefallen. Die Menschheit bedarf nicht der Juden, um politisch-religiösen Fanatismus oder die Sehnsucht nach dem Absoluten zu entdecken.

Ich selber stelle drei Arten von Antisemitismus fest: einen religiösen, einen politischen und einen emotionalen. Im religiösen Antisemitismus, der das gottesmörderische Volk anklagt, sah Jules Isaac — meiner Ansicht nach zu Recht — den Ursprung aller anderen antisemitischen Strömungen. Die Christen haben an seiner Ausbreitung mitgewirkt, da die Juden Christus nicht anerkannten und dem biblischen Gesetz treu blieben, obwohl dies seit zweitausend Jahren in den Evangelien fortbesteht.

Politischer Natur ist der Antisemitismus, der den Juden bürgerliche Gleichheit, uneingeschränktes Teilhaben an den Rechten und Pflichten des Staatsbürgers verwehrt. Der Staats-Antisemitismus eines Maurras gehörte dieser Kategorie an. Maurras hätte die Massenhinrichtung von Juden weder angeordnet noch gebilligt[1], aber seiner Doktrin zufolge hätte er einen *numerus clausus* geschaffen, um den Juden die Ausübung mancher Berufe und die Bekleidung mancher Ämter zu verbieten.

[1] Unter der deutschen Besetzung hat Maurras allerdings den Machthabern die Verfolgung der Juden empfohlen.

Der politische Antisemitismus bedient sich verschiedener Argumente, die alle auf das »Anderssein« des jüdischen Wesens im Vergleich zum nationalen (dem französischen oder deutschen) verweisen. In Maurras' Sicht, der kein Rassist war, stellten die Juden stets ein fremdes Element im Körper der Nation dar. Einige Anhänger der Richtung halten die Assimilation für noch ungenügend, aber nicht endgültig unmöglich; andere halten sie in aller Ewigkeit für ausgeschlossen. Die Juden werden des Kosmopolitismus beschuldigt, des ausländischen Nationalismus, schließlich einer angeborenen oder erworbenen niedrigen Gesinnung.

Damit gelangen wir zum gefühlsmäßigen Antisemitismus, zu Haß und Verachtung gegenüber der Gesamtheit der Juden. Selbstverständlich können sehr unterschiedliche Ursachen diese Gefühle bestimmen. Die Umstände, die in einem Individuum oder einer Gruppe einen solchen Antisemitismus hervorrufen, müssen in jedem konkreten Fall untersucht werden. Doch berührt die Analyse nur die äußeren Bedingungen einer »existentiellen« Entscheidung, die letzte Phase einer Jahrtausende alten Erscheinung: die Verstoßung einer weder rein religiös gebliebenen noch politisch organisierten Gemeinschaft aus der vorhandenen Gesellschaft.

Der nationalsozialistische Rassenhaß beruhte auf den eben angeführten drei Kategorien. Aber eine biologische Weltanschauung verwandelte den Haß in eine mörderische Wut. Hitler und seinen Anhängern genügte es nicht, wie es die politischen Antisemiten getan hätten, die Juden zu vertreiben; es gnügte ihnen nicht, wie es die gefühlsbedingten Antisemiten getan hätten, sie unter häßlichsten Zügen darzustellen: sie mußten sie ausrotten wie eine bösartige Spezies, — nicht weil sie den Messias gekreuzigt hatten, sondern vielleicht gerade weil Christus ihrem Schoß entstammte.

Nach meiner Auffassung soll dieser Beitrag ohne Schlußfolge-

rung bleiben. Ich denke nicht daran, irgendeine Verantwortung
für diese tragische Geschichte festzustellen. Über die Widersprüche des jüdischen Bewußtseins – das Paradox der Gläubigen, die den Gott aller Menschen lieben und sich selbst als das
auserwählte Volk betrachten – ist bereits alles gesagt worden.
Wenn ich den ›Theologisch-politischen Traktat‹ Spinozas wie-
derlese, dann glaube ich, »daß die Nationen sich voneinander
unterscheiden, ich will sagen, hinsichtlich ihres gesellschaftlichen
Regimes und der Gesetze, unter denen sie leben und sich regie-
ren«, aber daß »alle, sowohl die Andersgläubigen als die Juden,
unter dem Gesetz gelebt haben, ich spreche von demjenigen, das
allein die wahre Tugend betrifft, nicht von dem, das gegenüber
jedem Staat Geltung hat«. Ich glaube mehr denn je, daß »hinsichtlich des Verstandes und der wirklichen Tugend keine Nation unterschiedlich von einer anderen geschaffen wurde, und so
gibt es nicht eine, die Gott diesbezüglich anderen vorgezogen
hätte . . . Heute also haben die Juden sich absolut nichts anzu-
maßen, das sie über alle anderen Nationen stellen soll.« Nichts,
möchte ich hinzufügen, als das Unglück; aber auch nichts, was
sie unter die anderen Nationen stellen soll.
Niemals werde ich in Vereinigungen gegen den Antisemitismus
kämpfen. Wir Juden haben nicht die Aufgabe, unsere Verdienste
anzupreisen und diejenigen anzuklagen, die uns nicht lieben.
Als persönliche Entscheidung fordere ich das Recht, Franzose zu
sein, ohne meine Vorfahren zu verraten, ein Vaterland zu haben,
ohne meiner Religion entsagen zu müssen, selbst wenn ich in
Wirklichkeit ihr nicht mehr angehöre. Das übrige hängt nicht
von mir, es hängt nicht von uns ab.
Am Ende seines Essays über die Judenfrage zitiert Jean-Paul
Sartre den Neger-Schriftsteller Richard Wright: »Es gibt in den
Vereinigten Staaten kein Negerproblem, es gibt nur ein Problem
der Weißen.« Sartre fügt hinzu: »Wir sagen ebenso, der Antisemitismus ist kein jüdisches Problem, er ist unser Problem.«

Die Juden und der Staat Israel

Dieser im ›Figaro Littéraire‹ am 24. Februar 1962 veröffentlichte Beitrag wurde von folgender Vorbemerkung eingeleitet:
Ein amerikanischer Verleger bat mich vor einigen Monaten um einen Essay für einen Sammelband zu Ehren des ersten Präsidenten der israelischen Republik, Ch. Weizmann. Ich nahm die Einladung an, ohne zu verbergen, daß meine persönlichen Ansichten von denen der Zionisten, welches auch immer meine Sympathien für den Staat Israel wären, weit entfernt seien. Vor kurzem teilte mir der amerikanische Verleger mit, der gesamte Plan des Buches sei geändert worden, alle Beiträge sollten das Leben des israelischen Staatsmanns behandeln.
Pierre Brisson war der Meinung, dieser Text könnte die Leser des ›Figaro Littéraire‹ interessieren. Ich hoffe, daß er keinen meiner »Glaubensgenossen« verletzen wird.
Kann man Jude sein außerhalb des Gelobten Landes, während von neuem ein Staat Israel sich erhebt? Die Frage wurde vor einigen Monaten von Ben Gurion gestellt. Sie ist in leidenschaftlichen Debatten behandelt worden. Die Verteidiger des »Ja« oder »Nein« haben den Weisen der Vergangenheit großzügig ihren verschiedenen Thesen dienende Zitate entnommen. Aber jenseits des scholastischen oder talmudischen Streits bleibt eine unanfechtbare Tatsache. Die babylonischen Juden sind, als im

Anfang des 6. Jahrhunderts vor unserer Zeitrechnung (um 525) der wiedererbaute Tempel in Jerusalem von neuem dem Dienste Jahwes geweiht wurde, nicht nach Palästina zurückgekehrt. Vielleicht haben die Juden durch Jahrtausende vom verlorenen Vaterland geträumt, vielleicht haben sie, mit unterschiedlicher Intensität übrigens, ihre Rückkehr ersehnt. Doch gab es für einen Juden nie eine religiöse Pflicht, in Palästina zu leben und Bürger eines Staates zu werden, der vor mehr als zweitausend Jahren bestand und sich seit 1948 wieder gebildet hat.

Kein Gläubiger im gewöhnlichen Sinn des Wortes, habe ich mich eigentlich an diesem Streitgespräch nicht zu beteiligen. Aber Ben Gurions Frage wendet sich, aller biblischen Bezüge entkleidet, an alle Juden. Der Staat Israel will, als weltliche Institution, allen Staaten unseres Jahrhunderts gleichen, obwohl er über gewisse Kennzeichen verfügt, die ihn von allen anderen unterscheiden. Muß ein französischer, englischer, amerikanischer Jude sich dem Staate Israel als einem Vaterland verbunden fühlen? Aber welches Recht hätte er dann, in Frankreich, Großbritannien oder den Vereinigten Staaten die Vorrechte eines Staatsbürgers zu beanspruchen? Jeder kann sein Vaterland und seinen Gott lieben, jeder kann einer religösen Gemeinschaft und einer politischen Einheit angehören. Aber niemand vermag das Recht auf eine doppelte Staatsbürgerschaft zu fordern. Der moderne Staatsbürger schuldet allen staatlichen Vorschriften Gehorsam, vor allem der Wehrpflicht. Ich kann ein Franzose jüdischen Bekenntnisses sein, doch nicht zugleich Franzose und Israeli. Wie stark auch meine Zuneigung für Israel sein mag, ich muß mir eingestehen, daß es zwischen den nationalen Interessen Frankreichs und denen Israels keine prästabilierte Harmonie gibt. Wenn ich zur Vermeidung eines ernsthaften Konflikts *a priori* den Satz aufstelle, die Interessen dieser beiden Vaterländer stimmten überein, verkenne ich meine Pflicht als Franzose, Engländer oder Amerikaner. Denn meine staatsbürgerliche Pflicht gebietet mir, »das Interesse meines Vaterlands« nicht von einem einzigen Standpunkt aus zu beurteilen, es nicht im voraus den Interessen einer anderen politischen Einheit unterzuordnen. Nationale Selbstsucht ist nicht heilig, aber Nationen sind selbstsüchtig — und sind dazu verurteilt, es zu sein. Vergeblich wird man darauf hinweisen, daß die Interessen meines Vaterlandes in der Diaspora den Interessen Israels nicht widersprechen können, weil Frankreich, Großbritannien oder die Vereinigten Staaten ihrer Berufung entsagen und mich eines Treueschwurs entbinden würden, wenn sie Israel bekämpften oder auch nur aufgäben. Eine solche Kritik ist wertlos, bedient sie sich doch eines Sophismus: Die Beziehungen zwischen politisch souveränen Einheiten sind weder Gesetzen noch Gerichten unterworfen. Keine Polizeimacht ist imstande, spontan rivalisierende Kräfte des Machtwillens zu zügeln. Jeder Staat will überleben, und um dieses Ziels willen muß er bereit sein, Ungerechtigkeit, wenn nicht zu begehen, doch zumindest begehen zu lassen. Als politische Einheit mit begrenzten Mitteln und in ständiger Gefahr ist Frankreich Israel nicht mehr als jedem anderen Staat verpflichtet. Ich würde mich als schlechter Franzose betragen, verwendete ich meinen Einfluß dazu, meine Mitbürger zu einer für Israel günstigen Einstellung zu überreden. Solche Gedanken mögen vielleicht unaktuell oder überflüssig erscheinen, da Frankreich und Israel durch eine ungeschriebene Allianz für alle Notfälle miteinander verbunden sind. Aber die Lage kann sich gründlich verändern. Bei der Ausrufung des israelischen Staates zögerte die französische Regierung zunächst, aus Furcht vor den nordafrikanischen Mohammedanern, mit ihrer Anerkennung. Das vorhandene Bündnis mit Israel entspringt gleichfalls den Verhältnissen in Nordafrika. Es ist keineswegs undenkbar, daß Frankreichs Bemühungen um eine Wiederversöhnung mit den mohammedanischen Ländern — nach der Beendigung des algerischen Konflikts — zu einer Abwendung von Israel führen können.

Ist es im übrigen notwendig, eine Selbstverständlichkeit zu betonen? An dem Tage, da die Zionisten den Entschluß faßten, Israelis zu werden, das heißt einen Nationalstaat westlichen Charakters zu schaffen, entzweiten sie sich mit ihren »Glaubensgenossen«, die weder die Mittel noch den Wunsch besaßen, nach Palästina auszuwandern. Die Israelis erklären faktisch, die jüdische Gemeinschaft sei nationalen Wesens und nationaler Berufung; die Juden der Diaspora bestehen darauf, sei es religiös oder kulturell, außerhalb eines nationalen Gedankens, insofern dieser sich nur in staatlicher Unabhängigkeit verwirklicht.

Gewiß waren die jüdischen Gemeinschaften der Diaspora vor der Gründung des israelischen Staates alles andere als einig. Es wäre absurd, der Staatsgründung eine Zersplitterung zuzuschreiben, die aus der Diaspora selbst erwuchs. Zwischen 1914 und 1918 hatten die französischen und deutschen Juden sich von ihrem selbstgewählten Vaterland nicht getrennt, sie standen sich auf beiden Seiten der Front gegenüber und bekämpften sich, ohne Zögern und Gewissenszweifel, als »Franzosen und Deutsche wie alle anderen«. Mit den Katholiken und Protestanten verhielt es sich nicht anders: auch sie töteten sich gegenseitig in den Schützengräben von Verdun, obwohl ihr Glaube sich an den gleichen Gott der Liebe wandte und der gleichen Kirche angehörende Priester ihnen im Sterben beistanden. Während französische und deutsche Juden aufeinander schossen, waren sie auf der einen Seite französische, auf der anderen deutsche Soldaten. Auf keiner Seite waren sie, als Soldaten, Juden. Befände sich der Staat Israel im Krieg mit einem auch jüdische Mitbürger umfassenden Staat, dann kämpften Juden der Diaspora gegen Juden, die auch als Soldaten Juden wären.

Diese unter den gegenwärtigen oder gegenwärtig voraussehbaren Umständen unwahrscheinliche Eventualität soll nur die mögliche Zerrissenheit oder, anders ausgedrückt, eine Grenzsituation erläutern und gleichzeitig ein Problem stellen, mit dem jeder

Jude, ob gläubig oder ungläubig, ob seines Judentums bewußt oder unbewußt, konfrontiert ist. Was bin ich? Was will ich sein angesichts Israels?

Um mich herum bemerke ich vier »Kategorien« oder »Typen« von Juden: 1. dem überlieferten Glauben Verbundene; 2. jüdischer Tradition und Kultur Verbundene, die deren Eigenart bewahren wollen, ohne an den Bund zwischen Gott und seinem Volk, ja ohne an Gott zu glauben; 3. von der jüdischen Gemeinschaft ganz losgelöste »Assimilierte«, die die jüdische Kultur nur von außen kennen; 4. Israelis oder solche, die Israelis werden wollen, worunter sich sowohl Gläubige als Ungläubige, der Tradition Verhaftete als sogar Assimilierte finden (infolge einer Enttäuschung oder eines Anschwellens des Antisemitismus). Die unbestreitbare Tatsache, daß nicht alle Juden, welche die israelische Staatsbürgerschaft besitzen oder besitzen möchten, religiöser Überzeugung sind, ist keineswegs überraschend. Als der Zionismus sich am Ende des letzten Jahrhunderts in Europa ausbreitete, war er nicht religiösen, sondern politischen Charakters[1]. Er war eine Reaktion auf den europäischen Nationalismus. Die Begründer des Zionismus glaubten mehr an das Judentum als an Gott. Sie rechtfertigten die jüdische Nationalheimat oder den jüdischen Staat nicht mit der religiösen Forderung nach Rückkehr ins Gelobte Land. Nicht zur Erhöhung des Gebets träumten sie von Jerusalem; nicht der Tempel, sondern der Staat entzündete ihre Einbildungskraft. Europäische Juden wollten sich einen Staat geben. Und da Russen, Polen oder selbst Deutsche und Franzosen sich weigerten, sie als gleichberechtigte Bürger aufzunehmen, wollten sie eine Nation aufbauen, die sie niemals als Fremde behandeln würde. Vom geschichtlichen Standpunkt aus betrachtet, hat der europäische Nationalismus des 19. Jahrhunderts die Geburt des Zionismus und folglich mittel-

[1] Diese allzu kategorische Darstellung bedürfte zumindest einer Differenzierung.

bar des Staates Israel bewirkt. Muß dieses Ereignis als eine Abwendung vom Lauf der jüdischen Geschichte betrachtet werden? Oder als Erfüllung biblischer Verheißung und ständige Berufung?

Ist die jüdische Gemeinschaft ethnisch, kulturell, religiös oder national? Die Antwort wird unvermeidlich die Widersprüchlichkeit der Wirklichkeit, die Zweideutigkeit der Begriffe und die Einzigartigkeit des jüdischen Experiments spiegeln.
Ethnisch ist die jüdische Einheit zumindest unvollkommen. In Indien und China beruhten die jüdischen Gemeinschaften sehr wahrscheinlich vor allem auf der Bekehrung von Indern und Chinesen, nicht auf der Einwanderung palästinensischer Juden. Die Untersuchungen über das Verhältnis der Blutgruppen innerhalb der jüdischen und christlichen Bevölkerung lassen keinen unbestreitbaren Schluß zu, aber sie machen wahrscheinlich, daß die heutigen europäischen Juden nicht alle palästinensischen Ursprungs sind. Während der ersten Jahrhunderte unserer Zeitrechnung gab es im Westen, später im Osten, vereinzelte oder massenhafte Bekehrungen zur jüdischen Religion. Aber selbst wenn man annähme, die Mehrzahl der heutigen Juden setze sich, infolge freiwilliger oder erzwungener Endogamie, aus Nachkommen palästinensischer Juden zusammen, wäre es unrichtig, von jüdischer Rasse zu sprechen. Die Juden bilden keine getrennte anthropologische Gruppe, dem vergleichbar, was der Wissenschaftler als Rasse bezeichnet. Es ist nicht ausgeschlossen, aber auch nicht erwiesen, daß gewisse physische Merkmale bewirkende Gene im Schoße der jüdischen Bevölkerung häufiger als anderswo auftreten. Die erblichen Besonderheiten — nicht mehr als eine Hypothese — reichen zur Bildung einer ethnischen Einheit nicht aus, noch weniger zur Herausbildung eines Bewußtseins ethnischer Einheit. Ein europäischer Jude empfindet kein Bewußtsein ethnischer Einheit mit einem jemenitischen Juden, auch wenn beide Bürger des israelischen Staates sind.

Dennoch haben die Juden in mancher Hinsicht einzigartige »religiöse und kulturelle Gemeinschaften« gebildet, die von der Kultur der gesellschaftlichen Umwelt positiv oder negativ beeinflußt waren. In ihrer Versprengung verband sie nichts anderes als die Religion, deren Bekenntnis und vor allem deren Riten Verschiedenheiten kannten. In den Augen ihrer Umwelt waren die Juden mehr und etwas anderes als eine Religionsgemeinschaft, untereinander hatten sie keine anderen Bande als den auf der Bibel und ihren Kommentaren beruhenden Glauben. Da eine einheitliche Kirche mit entsprechender Hierarchie fehlte, lebten die versprengten Gemeinschaften weder die gleiche Geschichte noch besaßen sie den bewußten Willen, eine Nation zu sein.

Auf der anderen Seite kann nicht behauptet werden, die Juden hätten sich jahrhundertelang dem nationalen Gedanken verschlossen. Es ist sogar möglich, eine Geschichte des jüdischen Volkes zu schreiben, in der »der Wille der Juden, ihre nationale Wesensart zu erhalten«, im Mittelpunkt steht. So schreibt Arnold Toynbee im zwölften Band von ›A Study of History‹: »Man kann die Juden kennzeichnen als bewußte und freiwillige Erben wie Vertreter des zum Königreich Juda gehörenden Volkes, das von dem neubabylonischen Nebukadnezar im zweiten Jahrhundert vor Christi Geburt vernichtet wurde. Seit diesem fürchterlichen nationalen Unglück war das höchste Ziel des nach Babylonien verschleppten Volkes von Juda und seiner Nachkommen die Bewahrung der besonderen *nationalen* (meine Unterstreichung!) Wesensart ... Freundlich wie feindlich eingestellte Beobachter sehen in diesem geschichtlichen Ereignis gleichermaßen eine außerordentliche Leistung von Standhaftigkeit oder Starrsinn, — je nach der vom Beobachter gewählten Bezeichnung. Dieses Ergebnis beruhte auf einer einzigen Ursache: die Juden hatten alle anderen Ziele der Bewahrung ihrer nationalen Wesensart untergeordnet.«

Diese bezeichnende Stellungnahme macht das Abgleiten eines

an sich unbestreitbaren Satzes in eine zumindest anfechtbare Interpretation deutlich. Es ist unzweifelhaft, daß die Juden seit 2500 Jahren ihre »Wesensart« erhalten haben. Daß sie diese zu erhalten suchten, ist sehr wahrscheinlich, da die Nichtassimilation während eines so langen Zeitraums sich nicht allein mit der (nicht gleichbleibenden) Ablehnung durch die Umwelt erklären läßt. Wann war diese Wesensart »national«? Waren die Juden im selben Sinn ein Volk wie Franzosen und Deutsche?

Durch seinen Ausgangspunkt, die Juden seien »bewußte und freiwillige Erben wie Vertreter des zum Königreich Juda gehörenden Volkes, das von dem neubabylonischen Nebukadnezar im zweiten Jahrhundert vor Christi Geburt vernichtet wurde«, maßt sich Toynbee selbst an, die Juden ein Volk und die von ihnen bewahrte Wesensart national zu nennen. Aber er widerlegt gewissermaßen seine eigene Interpretation mit der Feststellung, die Juden hätten während fünfundzwanzig Jahrhunderten regelmäßig das Verbleiben in der Diaspora vorgezogen.

»Die Lebenskraft der jüdischen Diaspora und ihre Bedeutung für die gesamte Menschheit als einer möglichen ›Welle der Zukunft‹ ergeben sich deutlich aus dem Gegensatz zwischen dem ständigen Erfolg der Diaspora in ihrem Willen zu überleben — trotz der Diskriminierungen, Verfolgungen, Gemetzel — und dem wenig befriedigenden Resultat aller seit der babylonischen Gefangenschaft unternommenen Versuche, auf palästinensischem Boden einen jüdischen Staat wiederzuerrichten. Der erste dieser Versuche folgte — mit Unterstützung des Begründers des Reichs der Achaimeniden, Kyros — weniger als ein halbes Jahrhundert auf die Vernichtung des Königreichs Juda und die Verbannung seiner Notabeln nach Babylon durch Nebukadnezar. Der letzte Versuch wird jetzt unternommen. Man muß bemerken, daß die große Mehrheit der Juden der Diaspora, jedesmal wenn es ihr möglich war, sich in einem jüdischen Staat in Palästina niederzulassen, es unveränderlich vorzog, in der Diaspora zu bleiben.

So war es von 539 bis 538 vor Christi Geburt; so ist es noch heute, und so ist es immer gewesen im Laufe der vergangenen fünfundzwanzig Jahrhunderte.«

Wenn dem so ist — und wie wollte man es leugnen? —, läßt sich dann die von den Juden erhaltene Wesensart als national bezeichnen? Durch eine Religion, über alle Grenzen hinweg, vereint, doch die Verstreuung selbst dann noch ertragend, wenn eine Möglichkeit bestand, ihr ein Ende zu bereiten, waren die Juden vielleicht keine »religiöse Gemeinschaft wie alle anderen«, aber sie waren auch keine »Nation wie alle anderen«. Diese Besonderheit scheint mir keineswegs geheimnisvoll zu sein. Einerseits neigten die Juden dazu, selbst wenn sie fremden Völkern entstammten, sich als Nachkommen der Palästinenser zu betrachten, — andererseits wurden sie von der Umwelt als solche angesehen. Selbst die Religion erweckte in den Gläubigen den mehr oder weniger täuschenden oder mythischen Gedanken, ein Volk und nicht bloß eine Kirche zu sein. Wiederum beeinflußten die Glaubenssätze und moralischen Vorschriften die Gesamtheit der weltlichen und religiösen Existenz des Judentums, wobei ein eigener Lebensstil entstand. Dadurch wurde die Religionsgemeinschaft zu einer Kulturgemeinschaft.

Die Haltung der Gesellschaft, in deren Mitte Juden lebten, verstärkte diese »kulturelle Besonderheit«. Insofern sich die Juden Verdächtigungen oder Verfolgungen ausgesetzt sahen, antworteten sie mit einer Betonung ihrer Eigenart. Sie wollten sich selbst genügen, sie wollten in der jüdischen Gemeinschaft das finden, was Menschen anderen Bekenntnisses in vielfachen Gemeinschaften religiöser, politischer, kultureller Art fanden. In der Isolierung des Gettos wurde die jüdische Gemeinschaft gewissermaßen national, da die Juden kein anderes Vaterland besaßen. Nach dem Ende des Gettos, nachdem die Juden Erlaubnis erhalten hatten, an der Tätigkeit der christlichen Umwelt teilzunehmen, bewahrten oder verloren sie den Glauben ihrer Vorfahren, billigten oder verweigerten sie die Assimilation (da sie den Verlust der besonderen jüdischen Kultur bewirkte). Dafür aber wurden die Juden, wenigstens im Westen, in ihrer überwiegenden Mehrzahl Bürger der Gastländer, ohne einen ernsthaften Konflikt zwischen ihrer französischen oder deutschen Staatsbürgerschaft und der Zugehörigkeit zur jüdischen Gemeinschaft zu empfinden. Inmitten einer liberalen Zivilisation, die der jüdischen Religion, wie allen anderen Bekenntnissen, mit Toleranz begegnete und allen Individuen gleiche Rechte zugestand, fühlten sich die der Überlieferung verpflichteten Gläubigen durch die französische oder deutsche Staatsbürgerschaft nicht »entjudaisiert«. Das Eigenschaftswort »jüdisch« galt einer Religion, keiner Nation. Auch die ersten Zionisten waren keine Strenggläubigen, sondern Juden modernen Geistes.

Entspricht oder widerspricht es dem Geist der Heiligen Schrift, der Berufung der an den Gott Isaaks und Jakobs Glaubenden, daß Juden der Diaspora eine Nation bilden, mit einem Territorium, einem (weltlichen) Staat, einem Heer, mit Freunden und Feinden, Kriegen und Ungerechtigkeiten, Mißerfolgen und Erfolgen, dem historischen Gefolge von Kämpfen und Grausamkeit? Ich möchte keineswegs eine kategorische Antwort geben, die irgendeinen meiner Leser verletzen könnte. Aber der bedeutende Mensch, dem dieses Buch gewidmet ist, achtete mehr als alles die Wahrheit und diejenigen, die sie aufrichtig suchen.

Betrachten wir Israels Beziehungen zur jüdischen Religion, die gegenwärtige Form des ewigen Dialogs im Innern des Judentums zwischen Nationalität (Bund Gottes mit *seinem* Volk) und Universalität (ein der *ganzen Menschheit* geweihter einziger Gott).

Die Gründung des palästinensischen Staates, der seinen weltlichen Charakter verkündet und dessen Bevölkerung in ihrer Mehrheit den Gemeinden der Diaspora entstammt, ist kein Abschnitt der Religionsgeschichte und kann nicht als Erfüllung eschatologischer Verheißung gedeutet werden. Ungeachtet aller Bibel- und Talmudanleihen, hieße es den Glauben entwürdigen und auf die vorprophetische Ebene zurückführen, deutete man den Staat Israel im Lichte tausendjähriger Verheißung. Alle Juden, Gläubige oder Ungläubige, Bürger Israels oder Bürger anderer Länder, müssen in der Schaffung dieses Staates die Episode einer ausschließlich menschlichen Geschichte erkennen, weder ein Ende noch eine Wende der Geschichte des jüdischen Volkes in den Beziehungen zu seinem Gott.

Ermöglicht allein der israelische Staat den Juden, ihr Dasein ganz zu leben, ihr Judentum erschöpfend zu verwirklichen? Solche Gedanken sind, selbst in der Frageform, so gut wie sinnlos und sogar ärgerlich. Gläubige und Orthodoxe dürften die beste, ja die einzige Art, als gute Juden zu leben, darin sehen, dem Buchstaben und dem Geist der Gebote getreu zu leben[1]. Es besteht kein Grund, in Israel mit dem Ziel der Verwirklichung seines Judentums zu bleiben, wenn dies im Glauben und in der Ausübung religiöser Pflichten besteht. Der kulturelle Ausdruck des Judentums wird in Israel wahrscheinlich stärker sein als in der Diaspora. Aber in 2500 Jahren hat sich die jüdische Kultur — insofern sie mit der Religion nicht identisch war — je nach Ländern und Epochen verschiedenartig entwickelt. Die israelische Kultur wird sich von den jiddischsprachigen Gemeinschaften der Aschkenazim in Polen und Rußland genauso unterscheiden, wie sich im 19. Jahrhundert die Kultur der Aschkenazim von der sephardischen im 11. Jahrhundert in den Ländern des Mittelmeerraums unterschied. Die in Israel entstehende Kultur wird, ebenso wie die jeder anderen jüdischen Gemeinschaft, von besonderen Bedingungen beeinflußt. Sie wird nicht, sie kann nicht die Kultur aller in der Welt lebenden Juden sein. Wird man mir darauf entgegnen, nur sie könne eine Kultur im vollen Sinne des Wortes

[1] Heute würde ich diesen Satz, der ein vielschichtiges Problem vereinfacht, nicht mehr schreiben.

werden, da nur sie über einen nationalen Rahmen, die politische Unabhängigkeit verfügt? Allein die israelischen Juden gehören einem eng mit dem Judentum verbundenen Staat an. Ist das ein Vorteil oder Nachteil, Quelle von Schwäche oder Stärke? Die Israelis lehnen es ab, ihren Staat und ihren Gott nach dem Vorbild der Epoche König Davids zu entwerfen. Der israelische Staat ist weltlich[1], die aufgeklärten Gläubigen lieben einen Gott, der zwar den Juden besondere Pflichten auferlegt, aber der Gott der gesamten Menschheit bleibt.

In Israel hatte ich den Eindruck, als bemühe sich die den Eingewanderten aus Europa und dem Nahen Osten vermittelte »nationale Ideologie«, eine Kontinuität zwischen den Königreichen Israel sowie Juda und dem nach dem Zweiten Weltkrieg entstandenen Staat Israel nachzuweisen. Die Bibel ist ebensosehr Geschichts- wie Religionsbuch. Alle Israelis, denen ich begegnete, lasen mit Inbrunst darin, selbst wenn sie nicht an Gott glaubten. Sie wollten, daß Israel ein Staat »wie alle anderen« sei, sie wollten ein Vaterland besitzen nach dem Beispiel aller anderen Menschen, vor allem der Europäer. Ich verstehe das Verlangen nach einem Vaterland, das niemand uns mehr verweigern könnte. Aber diesen Wunsch vermag die Mehrheit der Juden nicht zu erfüllen, und auch die Israelis werden morgen keine »Bürger wie alle anderen« in einem »Vaterland wie alle anderen« sein.

Israelische Gläubige und Rationalisten bleiben im Ungewissen über den Sinn ihres gemeinsamen Handelns. Die aus Rußland, Polen und anderen europäischen Ländern Eingewanderten empfinden keine *spontane* Verbundenheit mit den aus Jemen und Marokko stammenden. Selbst in der Annahme des gemeinsamen palästinensischen Ursprungs — einer zweifelhaften These — haben 2500 Jahre seit dem Beginn der Diaspora das Bewußtsein der

[1] Der Satz entspricht nicht genau den Tatsachen. Die Beziehungen zwischen dem Staat Israel und der Religion bedürften einer ausführlichen Untersuchung (1967).

gemeinsamen Abstammung ausgelöscht. Man beschwört diese
ursprüngliche Gemeinschaft zur Schaffung einer nationalen Einheit — Ziel einer im Namen archaischer Ideologie unternommenen Aktion, deren Seele nicht religiösen, sondern politischen
Charakters ist. Zur Erreichung des politischen Ziels zählt man
sowohl auf die Kraft religiöser Überzeugung als auf die Finanz-
mittel jener Juden, die keine israelischen Bürger werden wollen.
Weder die frommen Israelis, mit den »Glaubensgenossen« der
Diaspora stärker verbunden als mit den Landsleuten, die im
Gelobten Land nur ein Vaterland im europäischen und modernen
Sinn des Wortes suchen, noch die ungläubigen, dem neuen Staat
verbundenen Israelis, die Erinnerungen an ein seit mehr als zweitausend Jahren untergegangenes Königreich wachrufen, ähneln
Franzosen oder Engländern. Diese während Jahrhunderten auf
dem gleichen Boden wohnhaften Völker besitzen nicht nur das
Bewußtsein, gemeinsam in der Vergangenheit große Dinge voll-
bracht zu haben und solche in Zukunft noch zu vollbringen, sie
unterscheiden unschwer die nationale Gemeinschaft von der
Kirche. Dabei denke ich vor allem an die Nichtjuden Europas;
außerhalb unseres Kontinents entsprachen sich religiöse und
kulturelle Gemeinschaften häufig, ohne daß die eine oder andere
ein politisches Ziel, militärische Macht erstrebt hätte.
Für die wahrhaft religiösen Israelis bedeutet der Staat nichts We-
sentliches[1]: man kann ein guter Jude genauso in Babylon wie in
Jerusalem sein. Die ungläubigen Israelis erwarten vom Staat, daß
er den Juden endlich erlaube, ein Vaterland zu besitzen. Aber die
israelische Nation muß noch geschaffen werden. Selbst wenn die
Juden zur Zeit des Königreichs Juda eine Nation bildeten, haben
sie im Laufe der mehrtausendjährigen Diaspora ihre nationale
Eigenart verloren, die im Land der Verheißung wiedererobert
werden muß. Keine der israelischen Gruppen vermag sich wirk-

---

[1] Auch diese Aussage erscheint mir heute zu einfach.

172

lich von der Diaspora zu trennen, dem tragischen Schicksal ein
Ende zu setzen, das heißt die widersprüchliche und folglich ge-
fährdete Existenz des Judentums zu beenden — eine Existenz,
die um so gefährdeter ist, als sie widersprüchlich ist und um so
widersprüchlicher, als sie der Umwelt sich selbst in gegensätz-
licher Definition darbietet. Solange Juden, wie Gläubige aller
Heilsregionen, zur gleichen Zeit denselben Gott verehren und
verschiedenen Nationen angehören, vermögen sie das Los aller
zu teilen, obwohl sie — da sie die Lehren zweier dem Alten
Testament entstammender Religionen verwerfen — im Schoße
christlicher und mohammedanischer Gesellschaften dem Haß und
der Verachtung von Fanatikern ausgesetzt bleiben. Wenn sie sich
dagegen, spontan oder in Abwehr, als »Volk Davids« und »jüdische Nation« konstituieren, treten sie selber, im Zeitalter der
Nationen, außerhalb des allgemeinen Schicksals. Die Zionisten
gaben sich der Illusion hin, den Widerspruch zu überwinden: Da
die Juden von den anderen Völkern nicht uneingeschränkt angenommen wurden, sollten sie ihre eigene Nation bilden. Genau
das Gegenteil wurde erreicht: Da alle Juden nach Israel nicht
zurückkehren können oder wollen, erscheint ihre Gemeinschaft
— weder rein religiös noch vollständig national — in weit grö-
ßerem Widerspruch. Der durch das Schwert erbaute und erhaltene weltliche Staat Israel bleibt so widersprüchlich in sich selbst
wie in seiner Beziehung zur Diaspora.

Ich habe bisher den Versuch einer Analyse unternommen, ohne
ein Urteil zu fällen. Natürlich wird dieser Versuch der Unpartei-
lichkeit — selbst wenn er gelungen wäre — von den anders den-
kenden »Glaubensgenossen« (den Israelis oder den Strenggläubigen) als eine Form des Engagements gedeutet werden. Daher
möchte ich den unpersönlichen Stil aufgeben und mich der ersten
Person singularis bedienen.
Ich bin französischer und nicht israelischer Bürger. Ich bin nicht

gläubig, wenigstens nicht im gewöhnlichen Sinn dieses Ausdrucks. Nach Spinozas Worten kann ich nicht glauben, daß Gott jemals einen Vertrag mit einem besonderen Volk abschloß. Ein Volk nähert sich Gott, sobald es den Stammeshochmut überwindet, die Gebote des Gesetzes und der Liebe befolgt. Jeder hat das Recht auf ein Vaterland, und die Verbundenheit mit der eigenen Gruppe ist natürlich. Aber die sich einer göttlichen Mission verpflichtet glaubende Gemeinschaft verletzt den religiösen Geist (natürlich nur, wie ich ihn verstehe). Nationalismus und Universalismus sind beide im Judentum enthalten, doch glaube ich, daß die Universalität am besten der echten Berufung des Judentums wie aller Heilsregionen entspricht. Der Aufbau eines sich als Erben des Königreichs Juda verstehenden Staates in Palästina erscheint mir als geschichtliches Akzidens, dem nur ein Götzendiener, der in der Nation den höchsten Wert erblickt, eine eigentlich religiöse Bedeutung beimessen kann.

Vom Standpunkt der weltlichen Geschichte stellt der Staat Israel für alle Juden ein großes Ereignis dar. Es ist ausgeschlossen, daß er nicht in uns allen starke Gefühle weckt. Selbst der ungläubige Jude kann nicht gleichgültig sein angesichts des israelischen Schicksals. Persönlich hat mich das, was Arthur Koestler ein »Wunder« nannte (ohne auf die rationale Analyse desselben zu verzichten) und was ich das Epos der israelischen Pioniere nennen möchte, tief beeindruckt. Welches auch immer die Zukunft sein mag, die Israelis haben ihre Unabhängigkeit im Laufe ihres »Befreiungskriegs« erobert, sie bewahren sie in ständiger Alarmbereitschaft, dank der Macht ihrer Armee, sie haben höchsten militärischen Ruhm erworben. Hunderttausenden von Juden boten sie eine Zuflucht. Sie veränderten das Bild, das Nichtjuden sich von Juden machten. Sie haben gezeigt, daß Juden wieder, wie zur Zeit des Römischen Reichs, durch militärische Leistungen Ansehen erwerben können. In vielfacher Hinsicht ehrt das Werk der Juden in Israel das Judentum und die Menschheit.

Aber Israel würde der weltlichen Geschichte nicht angehören, fänden sich nicht auch an ihm Zeichen der Unvollkommenheit aller menschlichen Werke. Oder besser gesagt: Ausdruck einer widerspruchsvollen Geschichte, bleibt es selbst auf eigenartige Weise widerspruchsvoll. Der Boden des israelischen Staates wurde zuerst von den mohammedanischen Besitzern, dank der von den Juden der Diaspora gespendeten Gelder, erworben. Die Flucht der Mohammedaner im Anfang des »Befreiungskriegs« erlaubte die Gewinnung eines Gebiets, das die geweihten Stätten dreier Heilsreligionen umfaßt. Die Israelis behaupten zu Recht, die Moslems nicht verjagt zu haben, die in der Hoffnung auf eine baldige Rückkehr die Flucht ergriffen. Aber in arabischer Sicht sind die einzelnen Umstände weniger wichtig als der eine schwerwiegende Tatbestand: Seit mehr als zehn Jahrhunderten in Palästina niedergelassene Mohammedaner mußten vor Juden weichen, die an die Überlieferung des Königreichs Juda anzuknüpfen behaupten.

Die Berufung der Israelis auf historische Vorrangrechte vermag niemanden zu überzeugen. Als Nehru sich mit Waffengewalt Goas bemächtigte und die auf fünf Jahrhunderten Besetzung gegründeten Besitzrechte Portugals verwarf, entrüstete sich die westliche Öffentlichkeit, zumindest drückte sie eine entweder ehrliche oder erheuchelte Entrüstung aus. Wie könnte sie mehr als zweitausend Jahre zurückreichende Eigentumsrechte anerkennen? Der israelische Staat ist mit wuchtigen Schwerthieben erschaffen worden, — in dieser Hinsicht gelang es den Juden endlich, den Andersgläubigen zu ähneln. Aber gleichzeitig wird die arabische Feindschaft verständlich, unvermeidlich und — aller Wahrscheinlichkeit nach — unbezwingbar.

Vorübergehend sind 1,7 Millionen Juden [1] (davon fast die Hälfte europäischen Ursprungs) imstande, ein Heer aufzustellen, das

---

[1] Heute sind es 2,5 Millionen.

allein der Koalition aller Armeen der arabischen Nahostländer überlegen ist. Das Gleichgewicht der örtlichen Kräfte begünstigt Israel, die Rivalität zwischen den Großmächten trägt zur Aufrechterhaltung dieses Gleichgewichts bei. Die Vereinigten Staaten gewähren Israel einen gewissen Schutz, die Sowjetunion bekundet eher feindselige Gefühle, als daß sie es vernichten will. Selbstverständlich ziehen dabei erstere den kürzeren. Ist es verhältnismäßig einfach, die kleinen Staaten daran zu hindern, sich tödlich zu bekämpfen, so ist es weit schwieriger, sie zur Verständigung zu zwingen.

Die voraussehbare Zukunft Israels wird in den nächsten Jahren und vielleicht auf noch viel längere Zeit die eines bedrohten Volkes sein, das in einer Art Festung lebt und zu seinem Überleben auf die Macht seiner Armee vertrauen muß. Durch das Schwert entstanden, kann Israel sein Dasein nur durch das Schwert sichern, unter der Drohung eines anderen, vorerst weniger scharfen. Gewiß ist es nur zu verständlich, daß die dem größten Blutbad der Geschichte Entronnenen entschlossen sind, dem Messer der Mörder nicht mehr mit bloßen Händen gegenüberzustehen. Aber ebensowenig kann übersehen werden, daß die Israelis sich für ein gefährliches Leben an einer Kreuzung strategischer Linien, an einem von Göttern bewohnten und von Soldaten verheerten Ort entschieden haben. Als eine Figur auf dem internationalen Schachbrett zur Teilnahme am teuflischen Spiel der Machtpolitik verurteilt, sind sie Bürger eines Staats, der seinen Egoismus für heilig erklärt. Aber heilig oder nicht: es ist der Egoismus eines Staates, der nie mehr als einige Millionen Bürger auf dem Gebiet zählen wird, das liliputhaft ist im Maßstab moderner Verkehrs- und Zerstörungsmittel.

Die Hypothese einer Versöhnung zwischen Israel und seinen Nachbarn möchte ich nicht ausschließen, obwohl ich sie auf lange Sicht für unwahrscheinlich halte. Das christliche Königreich Jerusalem währte zwei Jahrhunderte, nicht zwei Jahrzehnte oder zwei Generationen. Dennoch haben die Moslems sich nie damit abgefunden. In den Kalten Krieg mit seinen Nachbarn verstrickt, ist Israel einem ebenso heroischen wie begrenzten Schicksal unterworfen. Sein Leben vermag es nur zu sichern durch die Umwandlung der aus Marokko, Tunesien, Jemen eingewanderten Juden in Bürger eines modernen Staates. Mangels einer genügend zahlreichen Bevölkerung wird Israel manche Aufgaben wissenschaftlicher und technischer Art, die eine Konzentration bedeutender materieller Mittel verlangen, nicht erfüllen können. Eine maßgebliche Teilnahme an der Kultur wird nur möglich sein dank einer ständig erneuerten Anstrengung, den Versuchungen allzu bequemer Lösungen zum Trotz. Ungeachtet seiner geographischen Lage muß Israel ein fester Bestandteil der westlichen Zivilisation bleiben, wenigstens solange es der mohammedanischen Welt noch nicht gelungen ist, ihre Anpassung an moderne Lebensverhältnisse zu vollziehen.

Trotz der Größe der Aufgabe, die den Israelis europäischen oder nordamerikanischen Ursprungs in Palästina gestellt ist — die Integration einiger Hunderttausend oder vielleicht sogar von zwei bis drei Millionen nichtwestlicher Juden mit dem Ziel der Schaffung einer Nation westlichen Typs —, besitzt das Experiment inmitten des 20. Jahrhunderts eher provinziellen Charakter.[1] Israel wird um so eher der Entartung zu einem levantinischen Staat entgehen, je weniger es sich dagegen verschließt, die Verbindung mit Europa und den Vereinigten Staaten zu verstärken. Man muß hoffen, daß der dem streitbaren Nationalismus eigene Egoismus sich der Notwendigkeit offener Grenzen nicht widersetzt.

Würde das Judentum sich mit einem kleinen Land im Nahen Osten identifizieren, verließe es die Weltgeschichte. Ich verstehe, daß zahlreiche Juden, des Unglücks und der Verfolgungen überdrüssig, einen solchen Ausweg erträumen. Doch es geht hier nicht

[1] Heute würde ich diesen Satz nicht mehr schreiben (1967).

um Träume. Dieser Ausweg ist uns versperrt, da Israel und die jüdischen Gemeinden der Diaspora nebeneinander fortbestehen werden, wie in den letzten Jahrhunderten vor Christus die Juden Babyloniens und Palästinas. Einzelnen mag sich die vollständige Assimilation, der Namenswechsel, als gewünschte Lösung anbieten. In ihrer Gesamtheit können die Juden den von einer zweitausendjährigen Geschichte überlieferten Widerspruch noch nicht überwinden. Da sie unter Mohammedanern und Christen lebten, das heißt unter Anhängern der dem Judentum entstammenden Religionen, waren und sind die Juden, in ihrer eigenen Vorstellung und in der der anderen, die Erben des Volkes Davids, des von Gott erwählten Volkes, das den Heiland nicht anerkannte, des an den Gott aller Menschen glaubenden Volkes, das sich aber durch ein besonderes Band mit ihm vereinigt weiß. Möge ich ein Gläubiger, Orthodoxer oder Liberaler sein: nie werde ich billigen, daß ein Staat — sei er selbst im Heiligen Land verwurzelt — einen Glauben zu verkörpern vorgibt, der notwendigerweise erbärmlich entarten muß, wenn er nicht allen Menschen offensteht. Als Ungläubiger (zumindest im Sinn gängiger Religionsvorstellungen) werde ich Israel nie meine Zuneigung vorenthalten, aber ich werde ihm eine staatsbürgerliche Loyalität verweigern, die ich allein meinem Vaterland schulde. Selbst als »Assimilierter« — der eigentlichen jüdischen Kultur entfremdet — verrate ich den wertvollsten Bestandteil der religiösen Botschaft des Judentums nicht, wenn ich jenseits aller nationalen Bindungen den Sinn für universale Werte im Wissen und Handeln bewahre.

Was die Juden der Menschheit zu sagen haben, kann niemals in die Sprache der Waffen übersetzt werden.

Der vorstehende Beitrag hatte zahlreiche Leserzuschriften ausgelöst. Im *Figaro Littéraire* wurden Auszüge daraus veröffentlicht. In der Ausgabe vom 17. März erschien folgende Antwort darauf.

Ich hatte den Wunsch ausgedrückt, mein Beitrag ›Die Juden und der Staat Israel‹ möge keinen meiner »Glaubensgenossen« verletzen. Dieser Wunsch ist nicht in Erfüllung gegangen, und vielleicht war es auch nicht möglich. Zu Unrecht hatte ich vergessen, daß es besser ist, manche Probleme nicht zu behandeln. Als Überlebende des größten Gemetzels in ihrer Geschichte und in der modernen Geschichte überhaupt haben die Juden ein Anrecht auf große Empfindlichkeit. Und die Israelis — eine bewaffnete, von Feinden umgebene Nation — haben das Recht, verärgert zu sein über die Worte eines Juden, der ihnen zwar seine Zuneigung bezeugt, aber ein Engagement verweigert.

Es ist selbstverständlich, daß ich in keinem anderen als meinem Namen gesprochen habe. Wie könnte es auch anders sein? In der heutigen Welt muß ein Jude sich selbst bestimmen, indem er auf die eine oder andere Art sein Judentum wahrnimmt.

Ein Franzose christlichen Bekenntnisses, der den Glauben aufgegeben hat, braucht sein Christentum nicht wahrzunehmen: er bleibt deshalb ein Franzose wie alle anderen. Religion ist Privatsache, der Staat macht keine Unterschiede zwischen Gläubigen und Ungläubigen. Ein Jude, der dem Glauben entsagt und nicht mehr in den Tempel geht, bleibt ein Jude. Aber er befragt sich selbst über den Sinn dieses Wortes.

179

Manchmal empfängt ein französischer oder englischer Jude, der an der eigentlichen jüdischen Kultur nicht mehr teilnimmt, sein Judentum von der Umwelt und dem Antisemitismus. Auf diesen gewissermaßen entjudaisierten Juden beziehen sich Sartres ›Betrachtungen zur Judenfrage‹. Aber wie assimiliert der Jude auch sein mag oder zu sein meint, so bewahrt er doch ein Gefühl der Verbundenheit mit seinen Vorfahren und mit den jüdischen Gemeinschaften der Diaspora. Ganz besonders in unserer Epoche — nach Hitlers Verfolgungen — kann kein Jude seinem Schicksal entfliehen und jene vergessen, die anderswo an den gleichen Gott Isaaks und Jakobs, den Gott seiner Vorfahren, geglaubt haben oder glauben.

Nachdem einmal diese Verbundenheit anerkannt und gleichsam gelebt wird, öffnen sich für jeden einzelnen von uns mehrere Wege. Keinen Augenblick bezweifle ich, daß in Palästina eine israelische Nation entstanden ist. Ich verstehe die Juden, welche die israelische Staatsbürgerschaft wählen. Doch habe ich sie weder zu loben noch zu tadeln. Eine andere Entscheidung ist keineswegs zu verurteilen. Tatsächlich gibt es — woran ein Leser erinnerte — einzelne Fälle doppelter Staatsbürgerschaft. Ich glaube nicht, daß eine ganze Gruppe wie die jüdische Gemeinschaft nach solchem Vorrecht streben kann. Das versteht sich von selbst, antworten mir Leser. Ich gebe es gern zu. Aber wenn sich das von selbst versteht, darf man es dann nicht sagen?

Als ich die Hypothese eines möglichen Unterschieds zwischen dem Nationalinteresse Frankreichs und dem Israels aufstellte, war ich weder ein Gefangener tausendjähriger Angst vor Verfolgungen noch auf subtile Weise Machiavellist. Das Ende des algerischen Kriegs bedeutet nicht das Ende der französisch-israelischen Freundschaft. Wie oft haben Israelis in Gesprächen mit mir beklagt, daß die Freundschaft zwischen beiden Ländern — die sie sich dauerhaft wünschten — auf eine gemeinsame Feindschaft gegründet war. Mehrere Mitglieder der *Gesellschaft Frankreich-*

Israel gehörten zu den Anhängern einer liberalen Lösung in Algerien, obwohl sie wußten, daß viele Juden ein unabhängiges Algerien verlassen würden.

Wie können Sie — so entrüsten sich einige Leser — nach den Schrecken einer noch nahen Vergangenheit die Assimilation empfehlen? Ich habe keineswegs die Assimilation empfohlen. Ein Jude, der französischer Bürger sein will, kann eifersüchtig auf die Erhaltung der ererbten Kultur und Religion bedacht sein. Es geht jedoch darum, ob er der Nation, die durch Geburt und Willen die seine ist, vollständig angehören will. Diese Frage bejahe ich. Mich lähmen weder vergangene Ereignisse noch künftige Möglichkeiten — an die einige Leser erinnern —, noch der fortdauernde Antisemitismus. Mögen wir es wollen oder nicht: Wir Juden werden gefährlich leben, sei es in Israel oder anderwärts. Die Zeit der Verachtung kann wiederkehren. Aber die Israelis, die soviel Mut bewiesen, könnten nur um den Preis eines Widerspruchs den Juden der Diaspora vorwerfen, daß sie Gefahr laufen, eines Tages eine Staatsbürgerschaft zu verlieren, die sie ganz und vollgültig besitzen wollen.

Wie können die moralischen Bindungen zwischen den Juden Israels und der Diaspora erhalten bleiben? Der Ernst der an mich gerichteten Frage entgeht mir keineswegs. Natürlich verfüge ich über kein fertiges Wunderrezept, dank dessen die in national unterschiedlichen Gesellschaften lebenden Juden ein Gefühl ihrer Einheit bewahren können. Aber warum soll man nicht der Zukunft vertrauen?

Mein Freund Manès Sperber erinnerte daran, daß die verstreuten jüdischen Gemeinden Jahrhunderte hindurch den Sinn ihrer einzigartigen Berufung zu erhalten wußten. Die Geschichte des Judentums wird sowohl von den Israelis als auch von den Juden der Diaspora geschrieben. Die erste Bedingung dieser gemeinsamen Geschichte ist, daß sie sich gegenseitig verstehen und achten. Ein Fanatismus, der sich gegen jene Juden kehren würde, die französische oder amerikanische Staatsbürger sein wollen, zerbräche diese Freundschaft.

Ich weiß, daß die Erbauer und Bewahrer des Staates Israel frei von solchem Fanatismus sind.

Staatspräsident de Gaulle gab auf der Pressekonferenz vom
27. November 1967 folgende Erklärung zum Nahostkonflikt ab:
Die Errichtung einer zionistischen Heimstätte zwischen den beiden Weltkriegen in Palästina — man muß bis zu dieser Epoche
zurückgehen — und die Schaffung eines israelischen Staates nach
dem Zweiten Weltkrieg weckten gewisse Befürchtungen. Man
konnte sich fragen — und selbst viele Juden taten es —, ob die
Verpflanzung dieser Gemeinschaft auf einen unter mehr oder
weniger gerechtfertigten Bedingungen erworbenen Boden und
inmitten ihr zutiefst feindlich gesinnter arabischer Völker nicht
zu unablässigen und endlosen Reibungen und Konflikten
Anlaß gäbe. Manche befürchten sogar, daß die Juden, die
bis dahin verstreut gelebt haben und geblieben sind, was sie
jederzeit waren, ein selbstbewußtes und herrschbegieriges Elitevolk, nach ihrem Zusammenschluß an der Stätte ihrer ehemali-
gen Größe dazu übergehen könnten, ihre ergreifenden, neunzehn
Jahrhunderte lang gehegten Wünsche, in leidenschaftlichen und
erobernden Ehrgeiz zu verwandeln.
Trotz der bisweilen stärker, bisweilen schwächer werdenden Flut
feindseliger Gesinnung, die sie in einigen Ländern und gewissen
Zeitabschnitten herausforderten, genauer herbeiführten, hatte
sich zu ihren Gunsten ein beträchtliches Maß an Interesse oder

sogar Sympathie gebildet, vor allem — man muß es hervorheben — innerhalb der Christenheit, ein Gefühl, das von den großen Erinnerungen an das Testament ausging und aus den Quellen einer großartigen Liturgie genährt wurde, das vom Mitleid über das im Altertum erlittene Unglück getragen war und bei uns die Legende vom ewigen Juden schuf. Diese Sympathie wuchs durch die abscheulichen Verfolgungen, die das jüdische Volk im Zweiten Weltkrieg erlitt und verstärkte sich noch, seit es ein Vaterland fand, durch seine konstruktiven Werke und den Mut seiner Soldaten.

Daher sahen viele Länder, darunter auch Frankreich, mit Befriedigung — unabhängig von der breiten Unterstützung durch Geld, Einfluß, Propaganda, die die Israelis von seiten jüdischer Kreise in Amerika und Europa erhielten — die Errichtung ihres Staates auf einem Territorium, das ihm die Mächte zuerkannt hatten, wobei sie wünschten, daß es ihm mit etwas Bescheidenheit gelingen würde, mit seinen Nachbarn einen friedlichen *modus vivendi* zu finden.

Man muß sagen, daß sich diese psychologischen Gegebenheiten seit 1956 etwas geändert haben. Anläßlich der französisch-britischen Suezexpedition sah man einen kriegerischen israelischen Staat entstehen, der entschlossen war, sich auszubreiten. Dann gab die von ihm durchgeführte Aktion, seine Bevölkerung durch die Einwanderung neuer Elemente zu verdoppeln, zu der Annahme Anlaß, daß das Gebiet, das er erhalten hatte, ihm nicht lange genügen und er geneigt sein würde, es zu erweitern und jede sich dazu bietende Gelegenheit auszunutzen. Deshalb hatte sich übrigens die V. Republik von den besonders engen Beziehungen zu Israel, die die vorherige Regierung mit diesem Staat unterhielt, gelöst und sich dagegen bemüht die Entspannung im Nahen Osten zu fördern.

Natürlich unterhielten wir mit der israelischen Regierung freundschaftliche Beziehungen, und wir lieferten ihr sogar für ihre etwaige Verteidigung Waffen, um deren Kauf sie nachgesucht hatte. Gleichzeitig rieten wir ihr zur Mäßigung, besonders hinsichtlich der Streitigkeiten um die Gewässer des Jordan und der Geplänkel, die sich die Streitkräfte beider Seiten von Zeit zu Zeit einander lieferten. Schließlich verweigerten wir unsere Zustimmung zu Israels Installierung in jenem Teil Jerusalems, dessen es sich bemächtigt hatte, und wir beließen unsere Botschaft in Tel Aviv.

Andererseits hatten wir, nach dem Ende des Algerienkonflikts, mit den arabischen Völkern im Orient die gleiche Politik der Freundschaft und Zusammenarbeit wieder aufgenommen, wie sie Frankreich jahrhundertelang in diesem Teil der Welt betrieben hat. Vernunft und Gefühl erfordern, daß sie heute eines der Fundamente unserer Außenpolitik bildet.

Wohlverstanden, wir ließen die Araber wissen, daß Israel für uns ein *fait accompli* ist und wir seine Zerstörung nicht zulassen würden. Man konnte sich also vorstellen, daß unser Land eines Tages direkt helfend eingreifen könnte, damit ein echter Friede im Orient geschlossen und garantiert wird, vorausgesetzt, keine neue Tragödie mache ihn zunichte.

Diese Tragödie ist dann aber eingetreten. Ihr ging eine sehr ernste und ständige Spannung voraus, die sich aus dem skandalösen Schicksal der Flüchtlinge in Jordanien und aus den gegen Israel erhobenen ̄Vernichtungsdrohungen ergab. Am 22. Mai bot die Akaba-Affäre, die von Ägypten in unerfreulicher Weise heraufbeschworen wurde, jenen einen Vorwand, die davon träumten, ihren Streit durch Krieg zu bereinigen. Zur Vermeidung von Feindseligkeiten hatte Frankreich schon am 24. Mai den anderen drei Großmächten vorgeschlagen, gemeinsam jeder der beiden Parteien die Kampfaufnahme zu verbieten.

Am 2. Juni hatte die französische Regierung offiziell erklärt, sie werde gegebenenfalls jenem unrecht geben, der als erster zu den Waffen greife. Und ich habe das mit aller Klarheit allen

Staaten gegenüber wiederholt. Dasselbe habe ich am 24. Mai dem israelischen Außenminister erklärt, als ich mit ihm in Paris zusammentraf. ›Wenn Israel angegriffen wird‹, sagte ich ihm, ›werden wir nicht zulassen, daß es vernichtet wird. Wenn Sie aber angreifen sollten, werden wir Ihre Initiative verurteilen. Trotz zahlenmäßiger Unterlegenheit Ihrer Bevölkerung werden Sie — daran zweifle ich nicht —, da Sie viel besser organisiert und geeint und weit besser als die Araber bewaffnet sind, militärische Erfolge erzielen. Sie werden dann aber örtlich gebunden und, vom internationalen Standpunkt aus betrachtet, wachsenden Schwierigkeiten ausgesetzt sein, um so mehr, als der Krieg im Orient nicht verfehlen kann, die beklagenswerte Spannung in der Welt noch zu erhöhen und unheilvolle Folgen für viele Länder zu bewirken. Da Sie dann aber in der Rolle der Eroberer dastehen, wird man Ihnen nach und nach die Schuld geben.‹

Wie man weiß, wurde Frankreichs Stimme nicht gehört. Israel hat angegriffen und sich innerhalb von sechs Tagen der Ziele, die es sich gesteckt hatte, bemächtigt. Jetzt organisiert es in den von ihm eroberten Gebieten die Besetzung, was nicht ohne Unterdrückung, Repressalien und Vertreibungen gehen kann; und es äußert sich dort ein Widerstand, den Israel nunmehr seinerseits als Terror bezeichnet. Wohl beobachten die beiden Kriegführenden im Augenblick mehr oder weniger die von den Vereinten Nationen befohlene Feuereinstellung. Es ist aber offensichtlich, daß der Konflikt nur unterbrochen ist und daß er keine andere Lösung als auf internationaler Ebene finden kann. Einer Regelung auf diesem Wege — es sei denn die Vereinten Nationen zerrissen ihre eigene Charta — muß jedoch die Räumung der gewaltsam eroberten Gebiete, das Ende jeglicher Kriegshandlungen und die Anerkennung jedes der beteiligten Staaten durch alle anderen zugrunde liegen. Durch die Beschlüsse der Vereinten Nationen und die Anwesenheit ihrer Streitkräfte wäre es dann vielleicht möglich, die genauen Grenzen zu ziehen, und die Lebensbedingungen, die Sicherheit für beide Teile, das Schicksal der Flüchtlinge und Minderheiten sowie die Modalitäten des freien Schiffsverkehrs im Golf von Akaba und im Suezkanal für alle sicherzustellen.

In diesem Falle müßte für Jerusalem ein internationales Statut festgelegt werden.

Damit eine Regelung getroffen werden kann, bedürfte es natürlich der Zustimmung der Großmächte, die *ipso facto* die der Vereinten Nationen nach sich ziehen würde. Sollte eine solche Einigung zustandekommen, wäre Frankreich im voraus bereit, seine politische, wirtschaftliche und militärische Mitwirkung anzubieten, damit sie wirklich angewendet wird. Es ist aber nicht ersichtlich, wie irgendein Abkommen, nicht nur fiktiver Art über eine leere Formel, sondern über eine wirkliche gemeinsame Aktion, möglich wäre, solange eine der größten der vier Großmächte sich nicht von jenem unheilvollen Krieg losgelöst hat, den sie andernorts führt. Denn alles steht in der heutigen Welt im Zusammenhang. Ohne die Tragödie von Vietnam wäre der Konflikt zwischen Israel und den Arabern nicht das geworden, was er ist. Und wenn Südostasien den Frieden wiederfände, dann dürfte auch der Nahe Osten ihn bald wiederfinden, im Zuge der allgemeinen Entspannung, die einem solchen Ereignis folgen würde.